Katharina Strobel

# Familie auf Europäisch

Liebe und Alltag
zwischen den Kulturen

Ch. Links Verlag

Die Recherche für dieses Buch wurde vom Goethe-Institut Krakau
finanziell unterstützt.

Für Meta, Freya und James

This book is also dedicated to all British people, regardless
of their vote. You have helped shape the EU – and, ironically,
by rejecting it you might turn out to be its saviour.

Auch als  erhältlich

Die Deutsche Nationalbibliothek verzeichnet diese Publikation
in der Deutschen Nationalbibliografie; detaillierte bibliografische
Angaben sind im Internet über www.dnb.de abrufbar.

1. Auflage, August 2017
© Christoph Links Verlag GmbH
Schönhauser Allee 36, 10435 Berlin, Tel.: (030) 44 02 32-0
www.christoph-links-verlag.de; mail@christoph-links-verlag.de
Umschlaggestaltung: Stephanie Raubach, Berlin, unter Verwendung
zweier Motive von Thinkstock (Nr. 486722018 und 506916007)
Lektorat: Maike Nedo, Berlin
Satz: Nadja Caspar, Ch. Links Verlag
Druck und Bindung: Hubert & Co., Göttingen

ISBN 978-3-86153-964-3

# Inhalt

## AUFTAKT

Der Schlüssel zum Erfolg der EU – ein Appell   10

EU-Binnenmigration – Zahlen und Fakten   19

Die EU im Jahr 2017 – eine Karte   22

## EUROPAFAMILIEN

Europas Reichtum entdecken   26

**Brexit-Schatten über dem Inselglück**
Die deutsch-englische Familie Schon,
Cambridge, Großbritannien   32

**Eine ganz normale Familie?**
Die deutsch-dänische Familie Schmitz,
Tappernøje, Dänemark   45

**Ihana – das Leben kann so schön sein**
Die deutsch-finnische Familie Steinke,
Reinbek, Deutschland   56

**Si, si, ja, ja – so leicht geht Integration**
Die deutsch-spanische Familie Vidart-Diaz Dumdei,
Berlin, Deutschland   68

**Angekommen im Anderssein**
Die deutsch-polnische Familie Muther,
Warschau, Polen   80

**Perfekt gibt es nicht, und wenn, dann nur für kurze Zeit**
Die deutsch-italienische Familie Lorenz Marchi,
Verona, Italien   92

**Willkommen in Deutschland**
Die deutsch-griechische Familie Behnke,
Gevelsberg, Deutschland   104

**In der Zukunft zu Hause**
Die deutsch-niederländische Familie Schenk,
Brüssel, Belgien   117

## EUROPAKINDER

**Wenn nationale Identitäten verschwimmen**   130

**»Ich komme aus der Welt«**
Aleksandra Muther, 17 Jahre alt,
Deutsche und Polin   133

**»Mit nur einem Land wäre ich niemals ich«**
Rebecca Meletiadis, 28 Jahre alt,
Deutsche und Griechin   138

**»Ich brauche ein Stück Finnland,
um in Deutschland glücklich zu sein«**
Annika Steinke, 33 Jahre alt,
Deutsche und Finnin   144

**»Der finnische Einfluss zieht sich
durch mein ganzes Leben«**
Ulla Steinke, 36 Jahre alt, Deutsche und Finnin   149

**»Es fällt mir zunehmend schwerer,
Gleichaltrige zu siezen«**
Christian Ludwig, 42 Jahre alt, Deutscher und Schwede   154

»Jetzt werde ich wieder Pässe sammeln«
Ana Mosterin, 46 Jahre alt, Deutsche und Spanierin   160

## EUROPAPERSPEKTIVEN IN DER POLITIK

Wie viel Europa steckt
in unserer Politik?   168

»Wir haben mit unseren Eltern gelitten«
Gitta Connemann   169

»Ich bin ein großer Menschenfreund«
Lars Castellucci   174

»Ohne die EU gäbe es mich nicht«
Kai Whittaker   179

## AUSBLICK

Wir könnten das kostbarste Gut exportieren,
das eine Gesellschaft zu bieten hat: Frieden   188

## ANHANG

Wunschkatalog der Europafamilien   196

Initiativen im Ausland: Zum Beispiel Deutsche Samstagsschulen in Großbritannien   198

Nationales Recht gilt, europäisches Recht hilft   204

Abbildungsnachweis   211

Dank   212

Die Autorin   214

»Wenn ich das Ganze der europäischen Einigung
noch einmal zu machen hätte, würde ich nicht
bei der Wirtschaft anfangen, sondern bei der Kultur.«

Jean Monnet (1888 bis 1979)

# AUFTAKT

# Der Schlüssel zum Erfolg der EU – ein Appell

*60 Jahre nach der Unterzeichnung der Verträge von Rom steckt die Europäische Union in ihrer bislang tiefsten Krise. Zum ersten Mal in ihrer Geschichte möchte ein langjähriges Mitglied austreten. Werden weitere Länder dem Beispiel Großbritanniens folgen? Betrachtet man die wachsende Anzahl von Europäern, die von ihrem Freizügigkeitsrecht Gebrauch machen und in anderen Ländern leben, arbeiten und Familien gründen, ergibt sich ein anderes Bild als das des krisengeschüttelten Kontinents an seinem Tiefpunkt: Die EU hat Millionen von Europäern den Weg zu einem friedlichen Miteinander unter einem gemeinsamen Dach geebnet. Warum wird davon so wenig erzählt? In diesem Buch werden europäische Lebenswelten geschildert, die zeigen, dass die Geschichte der EU auch eine Erfolgsgeschichte ist. Die Europäische Union hat möglich gemacht, wovon meine Großeltern nicht zu träumen gewagt hätten. Für meine Kinder und alle Nachfahren auf diesem Kontinent wünsche ich mir, dass wir uns auf diesen Erfolg besinnen und auf ihm aufbauen.*

Wenn meine Kinder in ihrer Schule in Belgien, an der über 70 Nationen vertreten sind, den Internationalen Tag feiern und in den Trachten ihres Heimatlandes erscheinen sollen, haben sie die Wahl zwischen Schottenrock und Matrosenhemd. Sie könnten sich auch in den Farben der belgischen Flagge kleiden oder in Weiß-Rot, wie das englische Sankt-Georgs-Kreuz. Die Frage »Wo kommt ihr her?« können sie nicht mit einem Land beantworten, aber ein Wort ginge schon: Europa. Sie sind ein bisschen deutsch, ein bisschen britisch und fühlen sich auch den Belgiern nahe, weil sie in Belgien leben. Wie mein Nachwuchs entstammen immer mehr Kinder auf unserem Kontinent Europafamilien, deren Mütter und Väter aus unterschiedlichen

Ländern der Europäischen Union kommen, und wachsen oft, aber nicht immer, multikulturell und mehrsprachig auf. EU-weit sind es Millionen.

Mit diesem Buch möchte ich auf Europafamilien und ihre speziellen Lebenswelten aufmerksam machen, denn der Brexit und nationalistische Strömungen in vielen EU-Ländern stellen infrage, was in ihnen längst zu einer Selbstverständlichkeit geworden ist: europäisches, interkulturelles Miteinander unter einem gemeinsamen Dach. EU-Skeptiker bezweifeln, dass die EU-Staaten sich in den entscheidenden Fragen einigen können, und EU-Gegner erklären die europäische Idee gar für tot. Viele Menschen glauben, dass die EU-Staaten allein besser aufgestellt sind als im Verbund. Sind sie das wirklich?

Gerade der Brexit führt uns vor Augen, was wir aneinander haben und welche Komplikationen sich durch einen EU-Austritt ergeben – auf politischer und wirtschaftlicher Ebene und im Alltag der Europäer, die direkt davon betroffen sind. Plötzlich stelle ich mir Fragen, von denen ich überzeugt war, sie gehören in die Vergangenheit: Brauche ich künftig ein Visum, um in die britische Heimat meines Partners und die meiner Kinder zu reisen? Wird mir die Arbeitserlaubnis entzogen oder verwehrt, sollten wir zurück nach Schottland ziehen? Werde ich den britischen Gesundheitsdienst NHS nicht mehr kostenfrei nutzen dürfen? Müssen meine Kinder sich irgendwann zwischen der deutschen und der britischen Staatsangehörigkeit entscheiden? Das sind Fragen, von denen ich niemals geglaubt hätte, dass sie für mein Leben je relevant sein würden, und die mehr Menschen betreffen, als die Allgemeinheit annimmt. Sollte die EU auseinanderbrechen, würden sich Millionen von Europäern mit diesen Fragen beschäftigen müssen.

Die Idee für dieses Buch stammt aus dem Frühjahr 2015, als von einem britischen Referendum zur EU noch keine Rede war. Erst im Dezember desselben Jahres kündigte der damalige Premier Großbritanniens, David Cameron, die Abstimmung über den Austritt aus der EU an. EU-Skepsis geisterte zu diesem Zeitpunkt jedoch schon lange als ein immer bedrohlicher wirkendes Gespenst durch fast alle europäischen Staaten. Zu Recht regte sich in vielen Ländern Europas Unmut über zentral getroffene Entscheidungen, für die niemand zur Rechenschaft gezogen werden kann.

In Deutschland war es die zunehmende Ablehnung des Euro und der europäischen Wirtschaftspolitik, aus der die EU-kritische »Alternative für Deutschland« (AfD) erwuchs. In Spanien kämpften die Menschen mit den Auswirkungen der Finanzkrise. Vieles läuft fatal schief in unserem Staatenbund. Krisen mit katastrophalen Auswirkungen für weite Teile der Bevölkerung, vor allem im Süden Europas, erschüttern den Kontinent seit vielen Jahren. Aber ist wirklich die EU die Verursacherin dieser Missstände?

Mir ist es ein Anliegen, bei aller berechtigten Kritik an der EU auf ihre positiven Errungenschaften zu verweisen. Die EU hat unser europäisches Bewusstsein geschärft und uns zu einer Großfamilie werden lassen. Viele Menschen empfinden es so. Allen voran die Europafamilien, die im Kleinen vormachen, wie es im Großen funktionieren könnte. Die EU hat möglich gemacht, dass wir innerhalb unseres Staatenbundes in jedem Land leben und arbeiten können. Viele unserer Privilegien – wie das Recht auf Freizügigkeit – sind für uns zur Normalität geworden. Der Brexit macht deutlich, wie schnell es damit vorbei sein kann. Wollen wir das? Seit dem Votum der Briten hat mein Anliegen eine neue Dynamik und Dringlichkeit bekommen. Jetzt ist Handeln angesagt. Der EU muss neues Leben eingehaucht werden, wenn wir sie erhalten wollen.

Dieses Buch ist ein Appell: Was die europäischen Länder in den vergangenen Jahrzehnten gemeinsam erreicht haben, sollten sie nicht leichtfertig aufs Spiel setzen. Zu groß sind die Errungenschaften, zu klein die Länder, um im globalen Kontext auf sich selbst gestellt zu sein. Wir fangen gerade erst an, den grenzenlosen Raum der Möglichkeiten, der unser Staatenbund ist, für uns zu entdecken. Ich wünsche mir, dass die Entscheidungsträger der 28 EU-Staaten sich ein Beispiel an den Europafamilien nehmen. Im Umgang der Europafamilien miteinander und in ihren multinationalen Lebenswelten liegt der Schlüssel zum Erfolg. Erst dann, wenn die Chefs unserer Länder sich auf Augenhöhe begegnen und das Gemeinwohl der gesamten Großfamilie im Blick haben, können sie eine Politik betreiben, mit der die Europäer sich identifizieren. Gerade zeigt sich in der Art und Weise, wie die Verhandlungspartner in den britischen Austrittsgesprächen miteinander umgehen – nämlich kühl, kalkulierend und, ja, leider auch feindselig –, das Gegenteil.

Familie auf Europäisch: Wie funktioniert das? Zwischen Juli 2016 und März 2017 bin ich quer durch die EU gereist, um dieser Frage im Gespräch mit Familien auf den Grund zu gehen. Wie kommen Europafamilien zustande, und was macht sie anders? Wie meistern sie ihren Alltag, und wie integriert sind sie in ihrem Umfeld? Die Antworten, die ich in den verschiedenen Familien gefunden habe, sind so facettenreich wie unser Kontinent. Aber eine herausragende Eigenschaft ist mir bei allen Müttern, Vätern und auch den inzwischen erwachsenen Europakindern, denen ich ein eigenes Kapitel widme, begegnet: Offenheit! Für fremde Sprachen und Kulturen, neue Traditionen und auch für dieses Buchprojekt, das ohne die großzügig gewährten Einblicke in die Privatsphären der Befragten nicht zustande gekommen wäre.

Mitglieder der Europafamilien müssen viele Hürden nehmen, um in einem fremden Land anzukommen oder, andersherum, Ausländer in den eigenen Kreis aufzunehmen. Sie überwinden sprachliche, kulturelle, geografische und bürokratische Barrieren, denn nur so können sie – getreu dem EU-Motto aus dem Jahr 2000 – »in Vielfalt geeint« als grenzübergreifende Familieneinheit in ihrem jeweiligen Umfeld bestehen. Eine Grundvoraussetzung für das Funktionieren einer Europafamilie ist die Kompromissbereitschaft. Die Deutsche Katharina Lorenz nimmt als in Deutschland ausgebildete Rechtsanwältin berufliche Nachteile und eine große geografische Distanz zu ihrer Familie in Sachsen-Anhalt in Kauf, um mit ihrer italienischen Familie in Verona leben zu können. Oliver Schon, in Deutschland geboren und in England zu Hause, hat sich damit abgefunden, dass seine beiden Söhne die deutsche Sprache nur verstehen, nicht aber auf muttersprachlichem Niveau sprechen lernen, weil das englischsprachige Umfeld dominiert. Doch der Balanceakt zwischen dem unbedingten Willen, das multikulturelle Familienprojekt gelingen zu lassen, und den Abstrichen, die man – vor allem als Zugereister – zu machen bereit ist, entpuppt sich als nicht immer einfach. Die Polin Iza Muther bewertet ihre Chancen, in Deutschland beruflich Fuß zu fassen, als sehr gering. Also zieht sie mit ihrem deutschen Mann und ihrer kleinen Tochter von Berlin zurück nach Warschau.

Was können Politiker von diesen Beispielen lernen? Die Einbußen, die man für ein harmonisches Zusammenleben unter einem gemeinsamen Dach hinnehmen muss, können schmerzhaft sein. Die bürokratischen Barrieren machen es nicht einfacher. Nicht überall beherzigen die Behörden in den EU-Ländern das Recht auf Gleichstellung der EU-Ausländer. Oft müssen sie erst mit der Faust auf den Tisch hauen und nach dem Chef verlangen, um zu bekommen, was ihnen zusteht. Aber würden die Betroffenen die interkulturelle Lebenswelt, die sie sich geschaffen haben, deshalb aufgeben? Nein, lautet die eindeutige Antwort der Europafamilien. Sie wissen, dass sich die Mühe lohnt.

Von seiner griechischen Familie lernte der Deutsche Karsten Behnke, eine gewisse Gelassenheit dem Leben gegenüber zu entwickeln und Stolz zu empfinden, ohne sich dafür schämen zu müssen. Bernhard Schmitz lernte in Dänemark, nicht durchs Leben zu hetzen wie seine Eltern. Die Deutschen Oliver Schon und Christian Ludwig können sich nicht mehr vorstellen, in einem Unternehmen zu arbeiten, dass hierarchische Strukturen bedient, denn in Großbritannien und Schweden lernten sie das Gegenteil kennen und schätzen. Mitglieder der Europafamilien wissen aus eigener Erfahrung, dass Differenzen keine

Hürden, sondern eine Bereicherung darstellen können. Diese Einstellung zieht sich durch ihr ganzes Leben. Auch Menschen in gleichstaatlichen Beziehungen können zu dieser Erkenntnis gelangen. Aber sich für ein fremdes Land, eine fremde Sprache und eine fremde Kultur zu öffnen – wissentlich, dass man dadurch Nachteile erfahren kann –, erfordert ein besonderes Maß an Freimut und Offenheit.

Nicht immer funktioniert das multikulturelle Familienprojekt: Es kann an unterschiedlichen Auffassungen und Gewohnheiten scheitern. Manche Zugereiste bekommen Heimweh, und gerade im Alter sehnen sich einige nach ihrem Herkunftsland und ihrer Muttersprache zurück. Aber viele Europafamilien schaffen es. Die Kinder, die aus diesen Beziehungen hervorgegangen sind, können sich ein Leben in nur einem Land oft nicht vorstellen, wie ich in meinen Gesprächen mit den Europakindern erfahren habe. Ihr Verständnis reicht weit über Ländergrenzen hinaus und lässt sich nicht auf eine Länderperspektive reduzieren. Der Horizont, der sich auftut, wenn man sich auf fremde Sprachen und Kulturen einlässt, ist gewaltig und nicht nur eine gute Voraussetzung für ein Leben in der EU, sondern auch im globalisierten 21. Jahrhundert, wo die Fähigkeit, sich auf andere Kulturen einzulassen, immer gefragter ist. Würden die Staats- und Regierungschefs der EU mit derselben Offenheit aufeinander zugehen und sich schlussendlich selbst als die Großfamilie begreifen, zu der sie über die Jahrzehnte zusammengewachsen sind – vielleicht hätte der Brexit vermieden und andere EU-Krisen besser bewältigt werden können.

Nie zuvor in der Geschichte unseres Kontinents haben so viele Europäer unterschiedlicher Nationalitäten zueinandergefunden und grenzübergreifend Familien gegründet. Der Trend ist paradox: Während die Medien EU-Krisen in den Fokus ihrer Europa-Berichterstattung rücken, wachsen Europafamilien, von der Öffentlichkeit wenig beachtet, zu einer immer größeren Gesellschaftsgruppe innerhalb der EU heran. Mit Familienporträts aus Nord-, Süd-, West- und Osteuropa will dieses Buch auf die gesamteuropäischen Ausmaße hinweisen und zeigen, dass die europäische Alltagsrealität eine andere ist, als in vielen Medien dargestellt. Aber wie lange noch? Ist die Europafamilie, gerade erst zum Blühen gekommen, schon wieder ein Auslaufmodell?

Die Gefahr ist real. Die Möglichkeit, dass die EU in einzelne Teile zerbricht, wenn weitere Länder einen Austritt ansteuern, besteht. Es sind nicht allein die Europafamilien, deren Lebensmodell durch eine zerfallende EU infrage gestellt oder, schlimmer noch, unmöglich gemacht werden würde. Etwas über vier Millionen EU-Ausländer leben derzeit in Deutschland, Tendenz steigend. In anderen EU-Ländern ist die Zahl ähnlich hoch. Auch Bewegungen wie der Pulse of Europe zeigen, dass viele Europäer europäischer denken, als die politische Elite es ihnen zutraut. Ein Leben ohne die EU können und wollen sie sich nicht vorstellen. Nicht weniger, sondern mehr Europa wünschen sie sich. Ein konsequentes Weiterdenken des europäischen Gedankens, das in Taten mündet. Im Anhang findet sich ein Wunschzettel, der an die Entscheidungsträger adressiert ist.

Wir Europäer haben es geschafft, innerhalb von drei Generationen von Feinden zu Freunden zu werden. Meine Kinder nehmen sowohl Großbritannien als auch Deutschland als ihre Heimat an. Hätten meine oder die Großeltern meines englischen Partners, die den Zweiten Weltkrieg erlebt haben, sich das je vorstellen können? Die EU hat die Rahmenbedingungen geschaffen, die unser gemeinsames Leben möglich machen. Ohne diese Voraussetzungen wäre ich 2002 kaum nach Edinburgh zu meinem Partner gezogen. Ich hätte dort keine berufliche Perspektive gehabt. Wir wären später nicht gemeinsam nach Brüssel gegangen, um in Belgien zu arbeiten. Wären unsere Kinder jemals geboren worden?

Ich kenne keinen Kontinent auf dieser Welt, auf dem man zwischen so vielen Ländern wählen kann, um zu lieben, zu leben und zu arbeiten. Wollen wir diese Freiheit aufgeben? Wir sind an einem historischen Wendepunkt angelangt, an dem wir uns entscheiden müssen, ob wir den europäischen Gedanken weiterdenken und europäisch leben wollen – so wie die Europafamilien es vormachen – oder ob wir die Privilegien, wie den gemeinsamen Binnenmarkt und das Freizügigkeitsgesetz, die die EU geschaffen hat, wieder aufgeben wollen. Tatsächlich geht es um weit mehr: Wenn wir uns gegen die EU entscheiden, verabschieden wir uns von der Hoffnung, diesen Kontinent friedlich und wirtschaftlich erfolgreich in die Zukunft steuern zu können. Die Grundsatzfrage lautet: Ziehen wir gemeinsam an einem Strang – oder sind wir uns selbst am nächsten? Die Antwort liegt auf der Hand. Millionen von uns betrachten Europa als Heimat und haben begriffen, dass wir gemeinsam besser aufgestellt sind als allein.

Auch für die drei Bundestagsabgeordneten, die ich für dieses Buch interviewt habe, steht die Antwort fest. Alle drei sind als Europakinder aufgewachsen und dem europäischen Gedanken sehr verbunden. Die Deutsch-Niederländerin Gitta Connemann erlebte als Kind, wie es ist, wenn Nachbarnationen sich bestenfalls mit Argwohn, meistens jedoch mit Hass und Verachtung betrachten. Selbstverständlich wünscht sie sich eine starke EU. Andere Politiker hat erst das britische Votum wachgerüttelt. Seit der Brexit einschlug wie ein Blitz und die Europäer elektrisierte, erklären Bundespolitiker den gemeinsamen europäischen Weg zu einem ihrer wichtigsten politischen Ziele. In seiner ersten Rede als Bundespräsident vor dem Europäischen Parlament appellierte Frank-Walter Steinmeier im April 2017 an die Europaabgeordneten: »Es liegt jetzt an uns, dass der europäische Traum auch in der nächsten Generation nicht ausgeträumt ist.« Tatsächlich sind jetzt die Politiker gefragt, Europapolitik so zu gestalten, dass sie die Menschen erreicht und überzeugt. Nicht nur mit Worten. Jetzt ist es an der Zeit für Taten. Die Brüsseler Entscheidungsprozesse müssen transparenter gemacht und Politiker zur Rechenschaft gezogen werden. Bisher sprach die EU selten aus einem Munde. In der Vergangenheit kam es den Staats- und Regierungschefs oft gelegen, wenn sie unpopuläre Entscheidungen mit dem Verweis auf »Brüssel« von sich weisen konnten, anstatt selbst die Verantwortung zu übernehmen. Globale Probleme, wie die Flüchtlingskrise, verlangen nach einer gemeinsamen Lösung.

Die Erkenntnis, dass die europäische Lebensart immer mehr Zuspruch findet, sollte die Staats- und Regierungschefs leiten, wenn sie zu ihren Gipfeltreffen in Brüssel zusammenkommen. In Brüssel vertreten sie nicht Deutsche, Franzosen oder Ungarn, sondern alle Europäer. Wenn es den Griechen schlecht geht, bekommen das irgendwann auch die Schweden oder Esten zu spüren. Wäre es da nicht naheliegend, Hilfe anzubieten? Nicht umsonst schreiben wir Solidarität auf unsere Wertefahne. Es ist an der Zeit, sich zur EU und einer gemeinsamen europäischen Zukunft zu bekennen. Wir sind über die Jahre zu einer Großfamilie geworden, die viel mehr verbindet als trennt.

Die EU-Kommission spricht von 16 Millionen internationalen Paaren in der EU. Das sind jene EU-Bürger, die mit einem Partner aus einem anderen EU- oder einem dritten Land liiert sind. Dabei wurden Nicht-Verheiratete oder frisch Verliebte noch gar nicht mitgerechnet – und es werden immer mehr. Ausgehend von diesen Menschen entstehen europäische Lebenswelten, die sich zwischen unseren zahlreichen Kulturen verbergen. Offenheit, Toleranz und Kompromissbereitschaft werden in ihnen kultiviert. Sie sind der Schlüssel zum Erfolg der EU.

# EU-Binnenmigration – Zahlen und Fakten

Bei der EU-Binnenmigration gibt es einen eindeutigen Trend: Die Anzahl der Europäer, die ihren Wohnsitz innerhalb der EU verlegen, nimmt konstant zu. Mit den Erweiterungsrunden der Europäischen Wirtschaftsgemeinschaft (EWG), die im Jahr 1957 von Deutschland, Frankreich, Italien, Luxemburg, Belgien und den Niederlanden gegründet wurde und aus der später die EU mit ihren mittlerweile 28 Mitgliedsstaaten hervorging, nahm auch die innereuropäische Mobilität zu. Der freie Personenverkehr ist ein Grundpfeiler des europäischen Binnenraums.

Die wichtigste Form der EU-Binnenmigration ist die Arbeitskräftewanderung. Durch den gemeinsamen Binnenmarkt ist jedoch mittlerweile ein Angleichungsprozess der Wirtschaftssysteme feststellbar. Eine durch höhere Einkommen motivierte Binnenmigration wird auf lange Sicht eine immer geringere Rolle spielen.

1960 kamen in der Bundesrepublik Deutschland 5314 Kinder zur Welt, die jeweils einen deutschen und einen EU-ausländischen Elternteil hatten. Eine überschaubare Zahl in den Jahren der Babyboomer, die es 1964 auf einen Höhepunkt von 1,4 Millionen Neugeborenen brachten. Dennoch nahmen seit Beginn der 1960er-Jahre die Mischehen kontinuierlich zu.

1991 waren es 26 974 Europakinder in Deutschland, von insgesamt 830 019 Geburten. Der Anstieg der Geburten von Kindern mit EU-ausländischen Elternteilen ist insofern imposant, weil zur gleichen Zeit die Geburten insgesamt drastisch zurückgingen. Der Trend setzte sich fort: 2010 wurden 51 392 Europakinder geboren, insgesamt waren es aber nur 677 947.

Von den rund acht Millionen Ausländern, die Ende 2016 in Deutschland gezählt wurden, kamen laut Statistischem Bundesamt 3,8 Millionen (siehe Tabelle) aus dem EU-Ausland. Das sind nicht alles Europafamilien. Aber einige davon schon. Manche werden es vielleicht demnächst.

Nach Angaben des Mikrozensus hatten im Jahr 2014 von den 80,9 Millionen Einwohnern in Deutschland etwa 16,4 Millionen Personen einen Migrationshintergrund. Davon sind etwa 9,2 Millionen deutsche Staatsbürger und 7,2 Millionen Menschen mit ausländischem Pass.

Die Alterspyramide der Bevölkerung in Deutschland für das Jahr 2014 zeigt, dass der Anteil der Personen mit Migrationshintergrund in den jüngeren Jahrgängen am größten ist. So besitzen mehr als ein Drittel der Kinder unter zehn Jahren einen Migrationshintergrund. Auch in den anderen Altersgruppen bis 45 Jahre liegt der Anteil der Personen mit Migrationshintergrund mitunter deutlich über 20 Prozent. Dagegen liegt der Migrantenanteil in der Altersgruppe ab 65 Jahren bei lediglich 9,2 Prozent.

Was zumindest einige Europafamilien angeht, so sind die Zahlen der EU-Kommission interessant: Sie sprach 2014 von einer Million Erasmus-Babys. Das sind Kinder, die seit 1989 aus dem europäischen Uni-Austauschprogramm Erasmus hervorgegangen sind und in den meisten Fällen Eltern mit unterschiedlicher Staatsangehörigkeit haben.

2011 wurden EU-weit 18,8 Millionen Menschen gezählt, die nicht in dem EU-Land geboren wurden, in dem sie lebten, sondern in einem anderen Mitgliedsstaat. Das sind 3,7 Prozent der gesamten EU-Bevölkerung. In Luxemburg lebten im Verhältnis zur Gesamtbevölkerung des Landes die meisten Menschen, die in einem anderen EU-Land geboren wurden, nämlich 31,4 Prozent der luxemburgischen Bevölkerung. In Estland, Litauen, Polen, Rumänien und Bulgarien lebten mit weniger als einem Prozent die wenigsten nicht in diesen Ländern Geborenen.

**Länder in Zahlen.** Ein Überblick über die Gesamtbevölkerung und den Anteil der EU-Auslandsbevölkerung in einer kleinen Auswahl von EU-Ländern (Angaben in Millionen):

| Bevölke-rung | 2000 | | 2006 | | 2016 | |
|---|---|---|---|---|---|---|
| | gesamt | EU 27 | gesamt | EU 27 | gesamt | EU 28 |
| Deutsch-land | 82,163 | 2,419 | 82,437 | 2,256 | 82,175 | 3,801 |
| Italien | 56,923 | 0,231 | 58,751 | 0,539 | 60,665 | 1,517 |
| Belgien | 10,239 | 0,578 | 10,511 | 0,616 | 11,311 | 0,876 |
| Nieder-lande | 15,863 | 0,207 | 16,334 | 0,239 | 16,979 | 0,459 |
| Polen | 38,262 | keine Angabe | 38,159 | 0,020 | 37,967 | 0,025 |

Im März 2017 sind das die aktuellsten Zahlen von Eurostat, dem Europäischen Statistikamt. Da Polen im Jahr 2000 noch nicht zur EU gehörte, fehlt hier eine Angabe.

## Die EU im Jahr 2017

Die Jahreszahlen unter den Ländern beziehen sich auf den Beitritt zur EU. Deutschland, Italien, Frankreich, Belgien, die Niederlande und Luxemburg begründeten 1957 mit der Unterzeichnung der Verträge von Rom die Europäische Wirtschaftsgemeinschaft (EWG), aus der später die EU entstand.

Meine Reisen zu den Familien zwischen Juli 2016 und März 2017

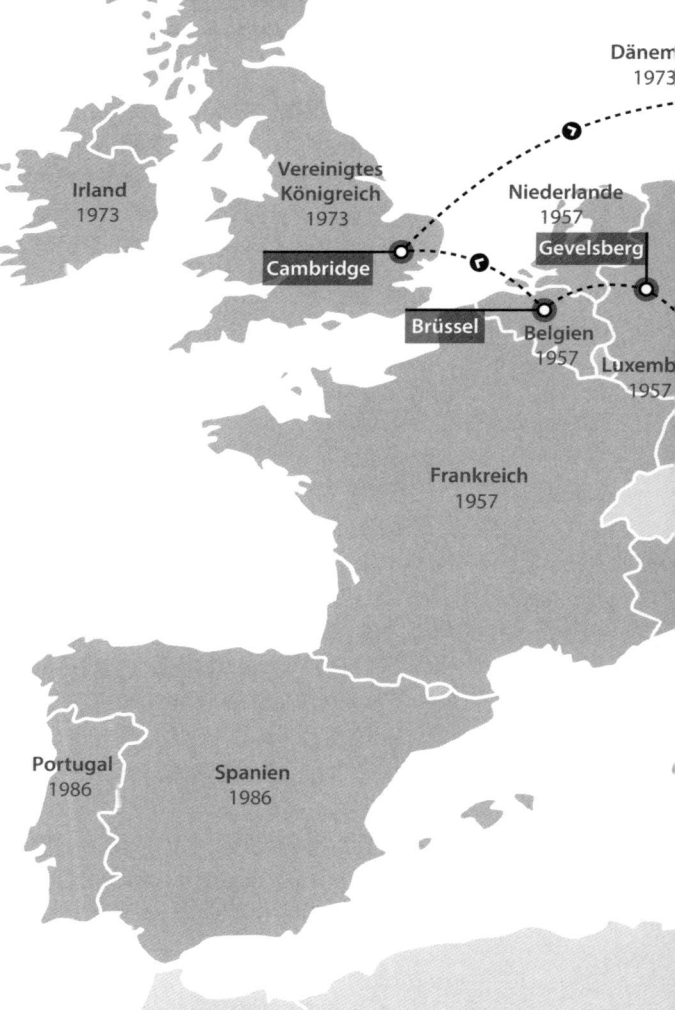

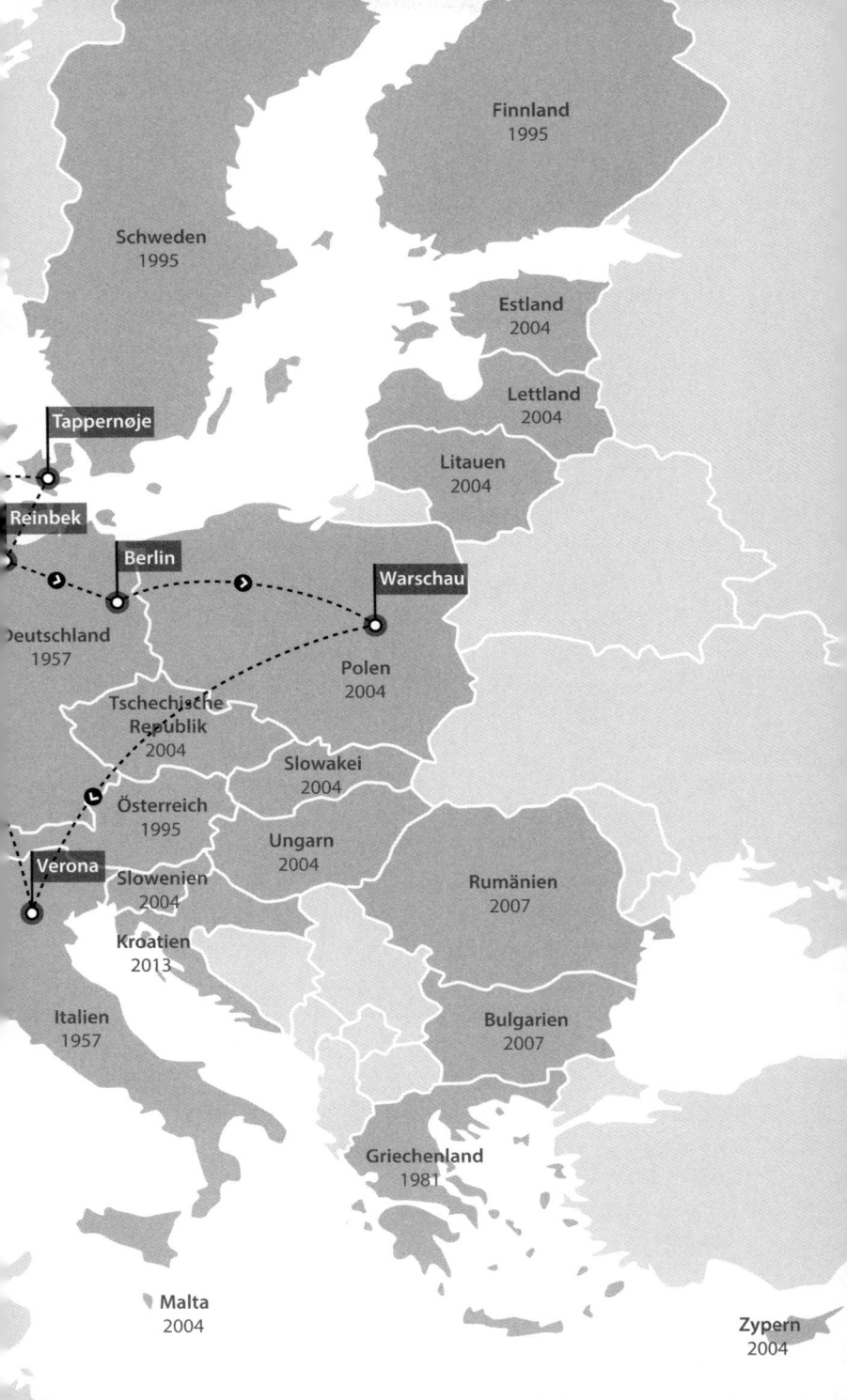

# EUROPAFAMILIEN

# Europas Reichtum entdecken

Wie sehr Europa sich in den letzten Jahrzehnten verändert hat, merkt jeder, der sich mit der Vergangenheit seiner Familie beschäftigt. Meine Großmutter kam während des Zweiten Weltkriegs mit der deutschen Besatzungsmacht nach Brüssel. In der Rue de Trèves, im heutigen Europaviertel, übersetzte sie französische und englische Nachrichten ins Deutsche. Dabei hörte sie britische Bomber über sich in Richtung Deutschland fliegen. Es war eine Zeit, die aus heutiger Sicht so weit entfernt liegt, dass es schwer ist, sich vorzustellen, wie es damals gewesen sein muss: für die besetzten Belgier, für die Besatzer, wie meine Großmutter, für britische Piloten und die Menschen in den Städten, auf die Bomben fielen. Andersherum hätte das Vorstellungsvermögen meiner Großmutter damals nicht ausgereicht, um für möglich zu halten, dass Brüssel einmal den Beinamen »Hauptstadt der Europäischen Union« tragen und ihre Enkeltochter dorthin ziehen würde, um über europäische Politik zu berichten und mit einem Engländer eine Familie zu gründen. Jeden, der es ihr prophezeit hätte, hätte sie wahrscheinlich für verrückt erklärt. Dass die Geschichte uns beide, meine Großmutter und mich, unter derartig unterschiedlichen Umständen an denselben Ort gebracht hat, macht deutlich, welchen Turbulenzen Europäer ausgesetzt waren – und sind.

Ich bin dankbar, in der heutigen Zeit zu leben und unter anderen Voraussetzungen in die belgische Hauptstadt gezogen zu sein als meine Großmutter. Ich sehe meine Kinder in einem Umfeld aufwachsen, in dem englisch, französisch, niederländisch, schwedisch oder estnisch miteinander gespielt, geredet, diskutiert und gefeiert wird, und in dem auch ich als Deutsche willkommen bin. Dass es den Europäern gelungen ist, innerhalb von drei Generationen wieder zu friedlichen Nachbarn, Freunden oder gar Familien zu werden, fasziniert und erschreckt mich zugleich. Denn im Umkehrschluss bedeutet das, dass wir genauso schnell wieder zu Feinden werden können. Oder etwa nicht?

Europafamilien sind für mich die Antwort auf die Frage: Wie geht es weiter mit der EU? Sie schlagen die Brücke zwischen den Nationen und holen das vermeintlich Fremde in die eigenen vier Wände. Sie schaffen im Kleinen, was bei den Gipfeltreffen der Staats- und Regierungschefs so schwierig erscheint: dem Gegenüber auf Augenhöhe zu begegnen und im Interesse der Allgemeinheit Kompromisse einzugehen. Die Staats- und Regierungschefs sind bemüht, sich als Gewinner jeder Verhandlung zu präsentieren und es nicht so aussehen zu lassen, als seien sie Kompromisse eingegangen. Warum eigentlich, wenn immer mehr Europäer in mehr als einem EU-Land zu Hause sind und sich um das Wohl des gesamten Kontinents sorgen?

In erstaunlicher Geschwindigkeit haben sich in den vergangenen Jahrzehnten Europafamilien und mit ihnen ein europäisches Bewusstsein entwickelt. War es in den 1970er- und 80er-Jahren noch etwas Besonderes, eine Mutter oder einen Vater aus einem anderen Land zu haben, ist es heute eine Selbstverständlichkeit. Meine Generation, die Ende der 1960er-, Anfang der 70er-Jahre geboren wurde, war die erste, von der viele zum Studieren und Arbeiten ins Ausland gingen, und profitierte von den Schengener Grenzöffnungen und dem Recht auf Freizügigkeit innerhalb der EU. »Brüssel« ebnete uns den Weg. Klar haben wir uns jenseits unserer Landesgrenzen verliebt. Warum auch nicht?

Dass Europafamilien einen immer größeren Anteil der europäischen Bevölkerung ausmachen, ist bei den 28 Staats- und Regierungschefs, die sich in Brüssel hinter verschlossenen Türen treffen, um für ebendiese Bevölkerung Politik zu machen, noch nicht angekommen. Die Europäer denken europäischer, als man ihnen zutraut. Das zeigen die hier porträtierten Familien, die nicht entstanden sind, weil sie glühende Anhänger des europäischen Gedankens sind, sondern weil es möglich ist, sich in diesem Europa mit Menschen zusammenzutun, die man mag, egal, wo sie herkommen.

Europafamilien gibt es überall. Das hat meine Recherche so leicht gemacht. Auf meinen ersten Aufruf über die Deutsche Samstagsschule in Cambridge haben sich etliche Familien gemeldet, darunter eine deutsch-französische, eine deutsch-irische und eine deutsch-australische Familie. In meinem näheren und weiteren Bekanntenkreis wurden zahlreiche Familien gefunden. Jede kannte mindestens drei weitere Familien, die infrage gekommen wären, manche mehr. Am Ende ging es darum, die Familien nach Regionen, Himmelsrichtungen und Herkunft auszuwählen. Ich wollte eine möglichst breite Streuung der Nationalitäten und natürlich Vertreter aus Nord-, Süd-, Ost- und Westeuropa. Mit Dänemark als nördlichstem, Italien als südlichstem, Polen als östlichstem und Großbritannien als westlichstem Land ist mir das ganz gut gelungen.

Dass jeweils ein (Ehe-)Partner deutsch ist, hängt mit meiner eigenen Nationalität zusammen. Als Deutsche kann ich die kulturellen Besonderheiten, die Sprache und die Traditionen, die in den jeweiligen Familien am Leben erhalten werden, viel besser nachvollziehen. Bei einer polnisch-portugiesischen oder eine französisch-spanischen Familie hätte ich die wesentlichen Merkmale nur schwer erfassen können. Die Menge an möglichen Familien hat mich nicht überrascht, sondern mich in meinem Gefühl bestätigt, dass es immer mehr Europafamilien gibt.

Die EU hat ein vielfältiges und grenzübergreifendes Leben durch viele europaweit gültige Gesetze erleichtert beziehungsweise erst möglich gemacht. Die Freizügigkeit hat sich herumgesprochen. Sie beflügelt den europäischen Geist, es ist wunderbar zu wissen, dass man in jedem EU-Land leben darf, wenn man dort eine Arbeit findet und nicht auf staatliche Gelder angewiesen ist. Ob man auch immer überall willkommen ist, ist eine andere Frage. Aber zu wissen, dass man die Wahl und diese Freiheit hat, ist eine Errungenschaft, auf die ich als Europäerin stolz bin und die ich nicht missen möchte. Sie ist zu einem wichtigen Bestandteil meines Lebensgefühls geworden.

Die Wahl zu haben zwischen dem eigenen und einem anderen europäischen Land, hat viele der auf den folgenden Seiten Porträtierten dazu bewogen, sich für die Fremde zu entscheiden, um etwas Neues zu erleben und über den eigenen Tellerrand zu schauen. In manchen Fällen führten auch wirtschaftliche Zwänge zur Aus- beziehungsweise Einwanderung. Die Beweggründe sind unterschiedlich. Gemein ist den Geschichten, dass sie in eine gelungene Integration münden, auch wenn mitunter große Hürden überwunden werden mussten. In einer Welt, in der die Probleme globaler werden und wir zunehmend mit Menschen aus unterschiedlichen Kulturkreisen zu tun haben, ist die Fähigkeit, sprachliche, kulturelle oder auch bürokratische Hindernisse zu meistern, sehr wichtig geworden. Die EU gibt uns im Kontext der 28 Mitgliedsländer die Gelegenheit, uns diese Fertigkeiten anzueignen.

Die eigene Nationalität begreift man oft erst im Ausland, wenn man als Vertreter seines Landes wahrgenommen wird. »Für uns ist es okay, dass du Deutsche bist«, begrüßten mich amerikanische Kommilitonen, viele von ihnen Nachfahren jüdischer Emigranten, als ich mit 19 Jahren zum Studium in die USA ging. Es war das erste Mal in meinem Leben, dass mir bewusst wurde, dass ich als Deutsche eine gewisse Verantwortung trage. Gelernt habe ich auch, dass Menschen unabhängig von ihren individuellen Stärken und Schwächen in Schubladen sortiert werden. In meiner Zeit als Volontärin und Redakteurin in Brandenburg, Sachsen-Anhalt und Sachsen war ich der Wessi, unter Hamburgern bin ich die Elbvorortlerin. Da, wo es keine Bereitschaft gibt, Vorurteile zu hinterfragen und die Menschen so zu nehmen, wie sie sind, besteht kaum eine Chance auf Verständigung.

Im Ausland existieren die länderinternen Referenzmerkmale nicht. Für einen Briten oder Spanier ist es egal, aus welchem Teil Deutschlands, geschweige denn Hamburgs, ich komme.

Es gibt nationale Stereotype, aber im Ausland hat man eher die Chance, als der Mensch wahrgenommen zu werden, der man ist. Das macht den Weg frei für die Identifikation mit kulturübergreifenden Gemeinsamkeiten: Werte, an die man glaubt, zum Beispiel. Jede Europafamilie braucht so eine gemeinsame Basis, weil die kulturellen Unterschiede oft zu groß sind, um sie miteinander zu vereinbaren.

Oft ergibt sich die Präferenzkultur aus dem unmittelbaren Umfeld oder der dominanten Sprache. In Italien zum Beispiel leben die Menschen zwischen *casiomai* – vielleicht – und *vediamo* – wir werden sehen. Daran musste sich die Deutsche Katharina Lorenz, die aus Deutschland konkrete Abmachungen kannte, erst gewöhnen, als sie nach Italien zog, wo bei schönster Sonne so vieles möglich ist. Warum sich dann genau festlegen? Manche Eigenarten lassen sich nur in einer Sprache ausleben. Für die Spanierin Maria Vidart-Diaz ist die deutsche Direktheit so ein Beispiel. Bei den Griechen spüren die deutsch-griechischen Behnkes eine Gelassenheit dem Leben gegenüber, die sie ein Stück weit in ihren Alltag nach Gevelsberg importieren. Und in Schweden und Großbritannien müssen die Deutschen sich daran gewöhnen, Kollegen mit dem Vornamen anzusprechen und sie sofort zu duzen. Damit einher gehen flache Hierarchien in Unternehmen. Hat man sich erst einmal daran gewöhnt, fällt einem das Siezen in Deutschland schwer.

Die Europafamilien zeigen, wie man sich zwischen den verschiedenen Kulturen einrichten kann und das Umfeld, in dem sie leben, davon beeinflusst wird. Der Italiener Marco Marchi bringt südeuropäische Lebensfreude nach Querfurt, wenn er bei den Verwandten zu Besuch ist. Maria Vidart-Diaz sorgt in Prenzlauer Berg für spanische Wärme. Olaf Muther trägt an einer Grundschule in Warschau zur deutsch-polnischen Verständigung bei. In dem Moment, in dem Kinder die Familien bereichern, bekommt die eigene Kultur noch mal einen anderen Stellenwert. Erst in Cambridge hat Oliver Schon die Liedertexte hinterfragt, die für ihn als Kind normal waren. »Ist da wirklich von Schießgewehren die Rede?«, will seine englische Frau Sue bei »Fuchs, du hast die Gans gestohlen« wissen. Europafamilien, wie sie in den folgenden acht Porträts beschrieben werden, meistern täglich den Balanceakt zwischen dem Anspruch, die eigene Kultur zu bewahren, und der Überzeugung, dass nur durch das Verständnis für andere Kulturen ein Zusammenleben möglich ist.

Überall dort, wo Menschen über Grenzen treten und sich Neuem öffnen, entsteht wieder Neues. Es ist ein unermesslicher Reichtum, der darauf wartet, entdeckt und kultiviert zu werden. Es ist eine Art immaterieller Rohstoff, der im Kontext der globalen Probleme, die es in der Zukunft zu lösen gilt, einen nicht zu unterschätzenden Wert besitzt.

# Brexit-Schatten über dem Inselglück
## *Die deutsch-englische Familie Schon, Cambridge, Großbritannien*

*Cambridge, England, Juli 2016: Eine verschlafene Straße im Multikultiviertel Romsey. Fünf Gehminuten entfernt liegt die belebte Mill Road, die zu den beliebtesten Straßen in Großbritannien gehört. Hier reihen sich Kirchen an Moscheen, polnische und französische Spezialitätengeschäfte an Plattenläden, Antiquariate, pakistanische Corner Shops, Tattoo-Studios und vieles mehr. In Romsey, wie im Rest von Cambridge, wollen die Menschen in der EU bleiben. Wie eine Insel liegt die Stadt inmitten eines Meers von Brexit-Befürwortern. Knapp vier Wochen liegt das britische EU-Referendum zurück. Noch tragen der Deutsche Oliver Schon, 45, und seine englische Frau Sue Kearley-Schon, 47, sie Grafikdesignerin beim Fernsehsender Channel 4, er Wissenschaftler in der Biotechnologiebranche, das Ergebnis der Abstimmung mit Fassung. Unvorstellbar ist für sie, dass der Brexit für die rund drei Millionen EU-Ausländer zu einer ernsthaften Bedrohung werden könnte. Sechs Monate später folgt der radikale Wandel: Bei Familien wie den Schons herrscht eine enorme Verunsicherung.*

Die Sonne steht hoch, die Häuser werfen Schatten auf die Straßen von Cambridge. Es ist der erste Ferientag, und die fünfjährigen Zwillinge Max und Luca springen ausgelassen durch das *two ups, two downs*; so heißen die Häuschen, die gegen Ende des 19. Jahrhunderts zu Queen Victorias Zeiten in langen Reihen für die Bahnarbeiter gebaut wurden. Zwei Zimmer oben, zwei unten, zentrale Lage, Sackgasse. Auf dem heiß umkämpften Immobilienmarkt der Unistadt sind die ehemaligen Arbeiterhäuser heute vor allem bei Familien beliebt. Es ist ein Ort, um behütet aufzuwachsen.

*Sue und Oliver Schon mit Granny Pat und Luca (auf den Schultern sitzend) und Max*

Das Behütetsein spielt in dieser deutsch-britischen Familiengeschichte eine besondere Rolle, weil in dem Land, in dem die Schons leben, plötzlich für sie nichts mehr ist, wie es war. Zum ersten Mal seit 18 Jahren überlegt Oliver Schon, was es für ihn bedeutet, ein Deutscher in Großbritannien zu sein. Einer, der Cambridge zu seinem Lebensmittelpunkt gemacht hat, sich in Großbritannien zu Hause fühlt, eine englische Frau und zwei halbenglische Kinder hat. Das ist der andere, der unsichtbare Schatten, der an diesem Tag über Cambridge liegt.

»Wie heißt das noch mal?«, ruft Oliver seiner Frau Sue zu, die nebenan mit den Kindern spielt. »Right to remain?« »Residency«, antwortet Sue. »Ach ja, Residency«, sagt Oliver und erklärt, dass er einen Antrag auf eine dauerhafte Aufenthaltsgenehmigung stellen könne – die er als EU-Ausländer noch genießt, aber, wer weiß das schon, nach dem EU-Austritt vielleicht verliert –, um irgendetwas in der Hand zu haben, sollte die neue Regierung die Ausländer von der Insel fegen wollen. Derzeit scheint alles möglich. »Die Familie braucht eine Sicherheit«, sagt Oliver. Auch mit einem britischen Pass könne er sich anfreunden, wenn er nicht auf Kosten des deutschen ginge. »Die Kinder sollen jetzt auf jeden Fall einen deutschen Pass bekommen«, erklärt Oliver, »das ist mir wichtig, dass sie hier und da leben können.« Bisher hielten die Schons es nicht für nötig, in zwei Pässe pro Kind zu investieren. Die Zeiten haben sich geändert.

Als Oliver Schon 1998 nach Großbritannien kommt, spielt die EU für ihn überhaupt keine Rolle. Wichtig ist für den damaligen Erasmus-Studenten und Stipendiaten der Friedrich-Ebert-Stiftung, der gerade ein Jahr in Lissabon verbracht hat, dass er in England promovieren und arbeiten kann. »Es war alles absolut unkompliziert, als ich hier ankam«, erinnert sich der 45-Jährige. Selbst die Friedrich-Ebert-Stiftung, die sonst nur Doktoranden in Deutschland fördert, sagt ihm weitere finanzielle Unterstützung zu. Es ist eine Zeit, in der junge Leute es für selbstverständlich halten, in anderen europäischen Ländern leben, studieren und arbeiten zu können.

Olivers Wahl fällt auf England, weil er bereits während seines Erasmus-Jahrs in Portugal auf Englisch studiert hat und mit einem Uni-Abschluss aus Cambridge auf gute Karrierechancen setzt. Unvorstellbar damals, dass es einen Brexit geben könnte. Im Gegenteil. Die Briten können gar nicht genug bekommen vom kontinentalen Zuwachs. Als Sue und Oliver sich 2004 zum ersten Mal begegnen, treten Estland, Lettland, Litauen, Malta, Polen, die Slowakei, Slowenien, die Tschechische Republik, Ungarn und Zypern dem europäischen Staatenbund bei. Großbritannien, Irland und Schweden öffnen den Neuen als einzige Alt-EU-Mitglieder ihre Arbeitsmärkte. In den übrigen Ländern herrschen Übergangsregeln. Viele Osteuropäer siedeln nach Großbritannien über. In Cambridge, wo Oliver und Sue ein Jahr später gemeinsam Quartier beziehen, fallen die Einwanderer aus dem Osten nicht weiter auf. Die Stadt ist ohnehin bunt und international.

Es gibt würzigen Kaffee aus der Cafétière, dazu selbst gebackene Kekse. An dem großen Holztisch in der lichtdurchfluteten Wohnküche, um die die Schons ihre *two downs* erweitert haben, nimmt während meines Besuchs auch die Granny Platz, Patricia, Sues Mutter. Es ist eine Oma wie aus dem Bilderbuch: weiße, wellige Haare, kuschelige Statur, witzig, liebevoll und zu jedem Unfug bereit. Sogar zum Deutschlernen. »Jaa. Guten Tag«, sagt sie mit charmantem Akzent. Seit Max und Luca auf der Welt sind, lernt die 75-Jährige Deutsch an der University of the Third Age. Heute ist sie, wie oft, aus dem knapp eine Stunde entfernten St. Albans gekommen. Sie vervollständigt das Schon'sche Familienbild. Andere englische Grannys hätten vielleicht Berührungsängste mit einem deutschen Schwiegersohn. Nicht so Pat. »Menschen sind Menschen«, sagt sie an anderer Stelle, was so viel heißen soll wie: Es ist gut, dass jeder anders ist. Auch ihre beiden Töchter sind sehr verschieden. Während die eine, nur knapp anderthalb Jahre älter als Sue, bereits selbst Großmutter ist, steht Sue mit ihren Kindern noch am Anfang des eigenen Familienlebens.

Als Sue und Oliver sich das erste Mal bei einer gemeinsamen Freundin begegnen, hat der Deutsche noch nicht viele Britinnen kennengelernt. »Wenn du hier eine Frau fragst, ob sie mit dir Kaffee trinken gehen möchte, wird das gleich als ein Date interpretiert«, erklärt Oliver, »da kann sich kaum eine normale, freundschaftliche Beziehung entwickeln.« Also geht Oliver zunächst mit Leuten aus Spanien, Südafrika, Frankreich, Italien ins Café.

Bei Sue und Oliver funkt es auf Anhieb gleichermaßen. Sue ist anders. Das merkt Oliver sofort. Nicht nur in Dating-Fragen. Ihm gefällt beides an ihr: die englische Mentalität, die er lieben und schätzen gelernt hat, und dass sie darüber hinaus offen ist. Für ihn. Aber auch anderen Sprachen gegenüber. Als sie zusammenkommen, macht Sue sich mit seiner Muttersprache vertraut. Es interessiert sie, welche Klänge seine Kindheit prägten, auch wenn ihre gemeinsame Sprache Englisch bleiben wird. Anders als ein Großteil ihrer Landsleute ist sie geradezu erpicht darauf, neue Sprachen zu lernen. Bevor sie in den Urlaub fährt, eignet sie sich einen Basiswortschatz an, mit dem sie in dem jeweiligen Land über die Runden kommt. »Ich mag nicht in ein Land fahren, ohne wenigstens die Grundkenntnisse zu haben. Das ist mir peinlich«, erklärt sie. »Ich möchte guten Willen zeigen und nicht selbstverständlich erwarten, dass andere Englisch sprechen.« Sue ist neugierig darauf, wie andere Menschen leben und welche Traditionen sie haben. Nach ihrer Schulzeit reiste sie mit Interrail allein durch Europa. Später lebte sie mehrere Monate in den USA. Fremde Einflüsse fallen bei ihr auf fruchtbaren Boden: In Kontinentaleuropa begeistert sie sich für die Fahrradkultur. Sie ist eine der ersten Mütter in Cambridge, die ihre Kinder in einem Fahrradanhänger durch die Stadt fahren. Vielleicht war es Sue schlicht zu langweilig, mit einem Landsmann eine Familie zu gründen. »Die Tatsache, dass Oliver deutsch ist, macht ihn für mich viel interessanter«, antwortet sie auf die Frage, ob sie sich manchmal wünsche, er sei Brite. Als sie Oliver kennenlernt, spricht er perfektes Englisch, hat Cambridge zu seinem Lebensmittelpunkt gemacht und verfügt als Ausländer über das gewisse Etwas, das Sue fasziniert.

Wie mühsam es war, eine fremde Sprache so zu erlernen, dass er sie wirklich versteht, daran erinnert sich Oliver noch gut. Im Pub klingeln ihm die Ohren, als er mit seinem Erasmus-Englisch versucht, den Gesprächen zu folgen. »Ich glaube, ich habe meine gesamte Promotionszeit gebraucht, also drei Jahre, um auch zwischen den Zeilen verstehen zu können«, schätzt er im Rückblick. Wären an der Uni nicht Professoren gewesen, die ihm neben den Lehrinhalten auch die englische Sprache nahebrachten, hätte der Prozess noch länger gedauert. »Diesen Satz werde ich nicht vergessen«, erinnert er sich: *Let's tell the collaborator to take a long walk on a short pier.* Wörtlich ins Deutsche übersetzt: Lassen sie uns dem Mitarbeiter sagen, er möge einen langen Spaziergang auf einem kurzen Steg machen. Tatsächlich bedeutet der Satz aber: Wir kommen auch ohne den Mitarbeiter aus. Für Oliver ein Augenöffner. Es ist die Art, die Gedanken zu formulieren und Botschaften auszudrücken, die die Briten von den Deutschen unterscheidet. »Sue sagt, ich sei *rude*, also unhöflich, direkt, rau«, erzählt Oliver. »Dabei sage ich nur, was ich meine.« Die deutsche Manier, die Dinge auf den Punkt zu bringen und immer das auszusprechen, was man gerade denkt, sei für das britische Empfinden grenzwertig. »Ansonsten liegen wir kulturell jedoch dicht beieinander«, findet Oliver. »Die aufbrausende, emotionale Art der Südländer ist uns ganz fremd.«

Sue freut sich über die Bereicherung, die ihr die deutschen Einflüsse bescheren. Sie nimmt die Sprache ihres Mannes zusammen mit ihren Kindern auf und entwickelt ein gutes Gespür für die deutsche Mentalität. »Ich spreche Kinderdeutsch«, lacht sie. Typisch britisches Understatement. Tatsächlich versteht sie sehr viel und versucht die Schon'sche Zweitsprache zu unterstützen, wo sie kann. Wenn Oliver nicht da ist, liest sie Max und Luca »Papabücher« vor, auf Deutsch. Aber nicht immer kommt die gut gemeinte Geste an. »Ich mag nicht, wenn du deutsch sprichst«, sagt einer ihrer Söhne. Die Eltern sind bemüht, sich an die goldene Regel der Bilingualität zu halten, die besagt, jeder Elternteil soll im Gespräch mit den Kindern bei seiner Muttersprache bleiben, um die Kinder nicht zu verwirren. Eine Ausnahme gib es bei den Schons: *Don't jömmel,* heißt es, wenn die Zwillinge anfangen, zu quengeln. *Jömmeln* ist Kölsch und bedeutet so viel wie nörgeln oder jammern. *Stop moaning, nagging* oder *whining* könnte man im Englischen sagen, aber würde eine englische Mutter es tun? Vielleicht ist es kein Zufall, dass die Schons ausgerechnet dieses mit hoher Wahrscheinlichkeit in vielen deutschen Familien kursierende Kurzkommando in ihr britisches Repertoire aufgenommen haben. Zusammen mit Klassikern wie nicht kippeln, nicht schreien oder nicht hauen scheint es ein Stück deutsche Kultur zu sein oder zumindest etwas, woran sich in Deutschland viele erinnern können, wenn sie an ihre Kindheit zurückdenken. «Nicht so laut lutschen am Tisch«, sagt Oliver, als Luca und Max genüsslich an einem Wassereis saugen. Ohne Erfolg. »Lasst uns das im Garten essen«, probiert es Sue, und schon kehren die Kinder der Küche den Rücken. Hier steht das simple Verbot dem Versuch gegenüber, dem Kind auf positive Art eine Alternative aufzuzeigen. Es ist die direkte deutsche Art gepaart mit der auslegbaren britischen, die bei der Schons Hand in Hand gehen.

»Die Erziehung kommt aus dem Bauch«, erklärt Oliver. »Die Regelwerke, die man aus seiner eigenen Kindheit kennt, kommen mit den eigenen Kindern wieder zum Vorschein. Man überlegt vorher nicht, wie man es machen will, aber man lernt dabei unheimlich viel über sich selbst.« Auch seinen Partner lerne man durch die Kinder auf eine andere Art kennen, weil Werte zum Vorschein kommen, die vorher nicht wichtig waren. Damit meint er nicht nur die Werte, die sich in den Erziehungsmethoden spiegeln, auch Dinge, die ihm in seiner Kindheit wichtig waren. Olivers Kinder öffnen eine Tür in seinem Leben, die vor ihrer Geburt verschlossen war. Es ist die Tür, die ihm den Zugang zu seiner Kindheit im Rheinland verschafft: Erinnerungen an den Karneval, Laternenumzüge, Ostereiersuchen, aber auch sein eigenes Zuhause in Pulheim, seine Freunde, Eltern und die große Schwester. Er möchte seine Kinder teilhaben lassen an der Kultur, die ihn geprägt hat, und ihnen gleichzeitig mehr bieten, als seine Eltern es getan haben.

Dass Oliver mit einer englischen Frau einmal in Cambridge landen würde, hätte er sich als Kind und Jugendlicher nicht träumen lassen. Er wächst in Pulheim auf, einer Schlafstadt, wie er selber sagt, in der es nichts gab und die meisten Einwohner bei Ford oder Bayer arbeiteten. Immerhin: Die Großstadt Köln liegt nur 20 Minuten mit der Bahn entfernt. Dort zieht es Oliver zum Studieren hin. Anders als seine neun Jahre ältere Schwester, die die erste Gelegenheit ergreift, um von zu Hause auszuziehen, hält es Oliver sehr lange im Elternhaus. Ein Grund dafür ist die enge Bindung an seine Mutter, die sich während der gemeinsamen Pflege des kranken Vaters entwickelt. Als Oliver 18 Jahre alt ist, stirbt sein Vater nach mehrjähriger Krankheit. Oliver bleibt bei seiner Mutter wohnen, während er in Köln studiert. Nur ungern lässt sie ihn ziehen, als er den Verlockungen der weiten Welt nicht mehr widerstehen kann und als Erasmus-Student nach Lissabon geht. Ahnt sie, dass sie ihn für immer ans Ausland verliert?

»Für meine Mutter war es nicht leicht«, sagt Oliver, »aber sie weiß, dass ich in Cambridge zu Hause bin.« Die Beziehung zu seiner 82-jährigen Mutter bleibt wichtig. Drei-, viermal in der Woche telefoniert er mit ihr, um sie über sein Leben und die Kinder auf dem Laufenden zu halten. Seine Herkunft spielt eine große Rolle für ihn. »Ich bin Kölner und Europäer«, sagt Oliver ohne zu zögern, wenn man ihn nach seiner Identität fragt. Cambridge ist für ihn Heimat und verwurzelt fühlt er sich in Pulheim. Seine Freunde aus der Grundschule sind dort geblieben und jedes Mal, wenn Oliver zu Besuch kommt, knüpfen sie da an, wo sie zuletzt im Gespräch stehen geblieben sind: »Man versteht sich. Das bleibt so.«

Auch für Sue, die in St. Albans aufgewachsen ist, ist Cambridge zur Heimat geworden. Auslandserfahrungen machte sie während des Studiums in London. Nicht, indem sie Großbritannien verließ, sondern indem sie viel mit Erasmus-Studenten unternahm, die aus ganz Europa nach London kamen. Nach wie vor liebt sie das Londoner Großstadttreiben, zieht es aber vor, im beschaulichen Cambridge zu leben. Anderthalb Stunden fährt sie von hier zum Fernsehsender Channel 4, für den sie arbeitet. »Ich freu mich, wenn ich nach London fahre, aber ich bin auch immer wieder froh, wenn ich nach der Arbeit wieder in Cambridge bin, wo ich überall mit dem Fahrrad hinkomme«, sagt Sue.

Viele Deutsche haben wie Sue und Oliver die Vorteile der 120 000-Einwohner-Stadt für sich entdeckt, die sich in Sachen Multikultur durchaus mit London messen kann. Für ihre Kinder gibt es die sogenannte Deutsche Samstagsschule, an der

Deutsch sprechende Kinder samstagvormittags unterrichtet werden. In der Samstagsschule sieht der Nachwuchs, dass es auch andere gibt, die Mama- oder Papasprache sprechen. Hier singen und basteln Kinder im Grundschulalter, später lernen sie auf Deutsch lesen und schreiben und feiern gemeinsam traditionelle Feiertage. »Dafür bin ich wirklich dankbar«, sagt Oliver, »denn ich hatte vieles davon ganz vergessen – die Lieder zum Beispiel.«

Das alte Liedgut verschafft Sue einen Einblick in die deutsche Seele. Als Max und Luca »Fuchs, du hast die Gans gestohlen« lernen, wundert sie sich über den Liedertext. »Shocking lyrics«, sagt sie in Anspielung auf den Jäger, der dem Fuchs mit seinem Schießgewehr droht. Oliver schmunzelt. »Das stimmt«, sagt er. »Das war mir früher nie aufgefallen.« So tasten Sue und Oliver sich gemeinsam in der deutsch-englischen Kindererziehung vor und stoßen mitunter auf Aussprüche, Liedertexte oder Traditionen, die vorher normal, im Kontext der anderen Kultur manchmal aber auch absurd wirken. Der Vorteil ist, dass sie aus dem Angebot beider Kulturen auswählen können. Bei den Festen kommt auf diese Weise eine gute Mischung zustande: Zu Ostern hoppelt der Osterhase nach Cambridge, der um die britische Insel sonst einen Bogen macht. Weihnachten feiern sie am 25. Dezember morgens nach britischem Ritual. »Weil das so schön ist, wenn man morgens aufwacht und alle Geschenke da sind«, wie Oliver findet. Auch Karneval und Laternenlaufen finden statt. Durchgesetzt hat sich zudem der einkaufsfreie Sonntag, an dem die Briten sonst sehr gern in die Supermärkte stürmen, um ihre Wocheneinkäufe zu erledigen. »Wir machen das online und halten uns die Wochenenden für die Familie frei.«

Es ist aber längst nicht alles so einfach im Leben der Schons wie die Entscheidung, ob sie Weihnachten am 24. oder 25. Dezember feiern. Das Vermitteln der Muttersprache entpuppt sich als schwieriger als ursprünglich angenommen. Die Kinder komplett bilingual zu erziehen, funktioniert nicht in dem

Schon'schen Modell, weil Oliver nicht genug Zeit mit Max und Luca verbringen kann.»Ich sehe die Kinder zum Frühstück und an zwei Abenden in der Woche, wenn Sue arbeitet und ich sie ins Bett bringe«, berichtet der 45-Jährige. Er spricht trotzdem nur Deutsch mit ihnen. Sie verstehen ihn, antworten allerdings auf Englisch.»Ich habe meine Erwartungen runtergefahren«, erklärt er.»Die Kinder haben Englisch als ihre Hauptsprache mit der Fähigkeit, Deutsch zu verstehen und sich etwas auszudrücken.« Immerhin. Sollte einer der beiden Söhne später in Deutschland leben wollen, könne er auf ein solides Basiswissen zurückgreifen und die Sprache schneller erlernen. Seiner Mutter Deutsch sprechende Enkel zu präsentieren, den Gefallen kann Oliver ihr nicht tun. Trotzdem lieben Luca und Max ihre Oma Lotti, die sie zweimal im Jahr in Pulheim besuchen: einmal zum Geburtstag im August und einmal zu Weihnachten. Oliver springt dann als Übersetzer ein und vermittelt der Oma, was die Enkel ihr sagen. Anders als Granny Pat macht Oma Lotti keinen Sprachkurs, um ihrer Cambridger Familie näherzukommen.

Auch wenn seine Kinder nicht in seiner Muttersprache mit ihm kommunizieren, schätzt Oliver das Leben in Großbritannien und möchte es auf keinen Fall missen. Die Arbeitskultur zum Beispiel.»Hier wird man angestellt für das, worin man gut ist. Es werden einem Chancen gegeben«, sagt er.»In Deutschland habe ich das Gefühl, wenn man nicht den richtigen Titel hat, hat man auch keine Chance. Hier wird nicht gefragt: Wo ist das Zertifikat?« Auch die *open plan culture* in den Büros gefällt ihm.»Ich habe immer nur in offenen Büros gearbeitet. In Deutschland haben viele Büros Türen, an die man klopfen muss, um reinzukommen. Es ist ein Spiegel dessen, wie es hier funktioniert«, resümiert er.»Hier sitzt der Vizepräsident nebenan, mit den Wänden verschwinden die Hemmschwellen. Es ist ein ganz anderes Arbeiten, man kriegt alles mit. Auch die Chefs.« Auch die Bereitschaft der Briten, die er kennengelernt hat, ihm ihre Sprache und ihre Kultur näherzubringen, fasziniert Oliver. Nie habe er negative Erfahrungen gemacht. Auf die Frage, ob er heute dieselbe Entscheidung treffen würde wie Ende der 1990er-Jahre und nach Großbritannien kommen würde, zögert er lange. »Ich weiß es nicht«, sagt er schließlich. Er fürchtet, dass die Studenten nach dem Brexit ein enormer bürokratischer Aufwand und auch viel höhere Kosten erwarten, und ergänzt: »Ich fühl mich jetzt das erste Mal als Ausländer, ohne dass ich je eine schlechte Erfahrung gemacht habe, aber es ist anders, es ist ein Gefühl.«

Oliver berichtet von Kollegen, die in Großbritannien geboren und aufgewachsen sind und nun wegen ihrer Hautfarbe als Ausländer beschimpft würden. In seinem Büro, in dem viele EU-Ausländer beschäftigt sind, habe es nach dem Brexit-Ergebnis viele Tränen gegeben. Einige seiner Kollegen werden wohl die Insel verlassen, glaubt Oliver. Auch wenn er selbst noch nicht mit Rassismus konfrontiert wurde – er weiß, dass Cambridge eine Insel ist: »Cambridge wollte in der EU bleiben, drei Meilen weiter ist alles rot. Die wollen alle raus.«

Während unseres Gesprächs kommt Oliver auf die Idee, in die Lokalpolitik einzusteigen. »Vielleicht ist das gar keine schlechte Idee? Mitzugestalten?«, fragt er sich. Bisher sei er davon ausgegangen, dass er da als Ausländer fehl am Platz ist, doch nun, wer weiß, vielleicht seien da auch andere wie er. Er hofft, dass man dem Brexit etwas Positives abgewinnen kann, frischen Wind in die Segel der EU zum Beispiel. Aber vielleicht auch mehr Engagement der Einzelnen, um ihre Situation vor Ort zu verbessern und Eigenverantwortung in der Gemeinschaft zu übernehmen. Ganz abwegig ist die Idee nicht, denn auch als Jugendlicher engagierte Oliver sich in der Politik. Früh trat er der SPD bei und war als Juso im Landkreis aktiv. Wenn es um Nachtbusse, Drogenpolitik oder Ausbildungsplätze in der Region ging, war er an vorderster Front dabei. »18 Jahre war ich politisch nicht aktiv, aber das ändert sich jetzt. Die Zeiten wandeln sich. Diesen Umbruch möchte ich aktiv mitgestalten – nicht als Ausländer, sondern als integrierter Teil der Community in unserem Stadtteil Romsey«, sagt er ziemlich am Ende unseres Gesprächs.

Als wir am späteren Nachmittag alle gemeinsam einen Ausflug in den Park von Anglesey Abbey unternehmen, kommen wir an einem Schild vorbei, das auf einer der liebevoll gepflegten Rasenflächen steht: »Keep on the grass. Lie down and roll around in it. Forget all your worries and have an ice cream.« Es ist eine Anspielung auf die Schilder, die man sonst aus Grünanlagen kennt: »Keep off the grass.« »Das gefällt mir«, lacht die Granny und zeigt auf den Ausspruch. »Das ist gut.« Der Spruch passt zu der deutsch-englischen Familie. Er beschreibt ihre Einstellung zum Leben. Die Schons samt englischen Verwandten sind Menschen, die andere willkommen heißen. Die sich freuen, wenn jemand eine neue Perspektive beisteuert.

Auf dem Nachhauseweg haben Max und Luca viele Fragen. »Mama, wenn ein Reifen platzt, geht dann die Luft raus?«, fragt Max. »Ist es dann ganz laut?«, will Luca wissen. Sue erklärt es. Man kann sich vorstellen, dass die beiden viele Fragen haben werden, wenn sie älter sind: zur Herkunft ihres Vaters, ihrer Mutter, ihrer eigenen, zum Brexit und dem, was daraus geworden ist. Sue und Oliver werden die Antworten parat haben, da kann man sicher sein.

»Ich will Oma Lotti schreiben«, sagt Max, bevor der Wagen vor dem *two ups, two downs* zum Stehen kommt, »aber ich kann nicht auf Deutsch schreiben.« »Papa wird dir helfen«, versichert Sue. Auch dieser Satz trifft den Kern der Schon'schen Familienkultur. Als funktionierende Einheit, die sich behutsam in bikulturellen Erziehungsfragen vortastet und ihre Kinder nach bestem Wissen und Gewissen aufzieht, werden die Schons die ungewissen Zeiten überstehen, die das EU-Referendum über sie gebracht hat. Wenn das Leben auf der Insel Cambridge nach dem Brexit nicht mehr so ist, wie sie es sich wünschen, dann werden sie an einem anderen Ort ein Zuhause finden. Dass er eine andere Sprache lernen und sich woanders einleben kann, hat Oliver bereits zweimal bewiesen: in Portugal und in England. Dass Sue es schaffen wird, neugierig und offen wie sie ist, steht außer Zweifel.

Aber vielleicht werden die britischen EU-Austrittsbefürworter auch »einen langen Spaziergang auf einem kurzen Steg« unternehmen und irgendwann feststellen, dass es doch nicht so verkehrt ist, sich Multikultur und Menschen wie Oliver Schon auf ihre Insel zu holen, die auch nach dem Brexit voller Bewunderung für die Briten und ihre Kultur bleiben, weil sie ihn zu dem gemacht haben, was er ist und ihm diese wundervolle Familie beschert haben.

Zum Abschied hätte ich den Schons gern zwei Tüddelchen für ihr o geschenkt. Denn schön – das sind die Schons. Nicht nur äußerlich, auch in ihrer Aufgeschlossenheit, durch die man sich als Außenstehender willkommen und aufgehoben fühlt.

*Im Februar 2017 setze ich mich telefonisch mit Oliver in Verbindung, um zu erfahren, was sich seit unserem Gespräch verändert hat. Im Januar hat er seine »permanent residency« erhalten, auch wenn er nicht genau weiß, was sie ihm nützt. Viele seiner deutschen Freunde in England bleiben besorgt, schalten Anwälte ein. Sie wollen in Großbritannien bleiben, aber abgesichert sein. Sie glauben, dass eine Einigung zwischen Großbritannien und der EU möglich ist, mit der alle leben können. Bei den Schons ist bereits ein Umbruch im Gange: Im März fängt Oliver einen neuen Job an, den er in 20 Minuten mit dem Fahrrad erreicht. Er wird mehr Zeit für die Familie haben – und vielleicht auch für die Lokalpolitik?*

# Eine ganz normale Familie?

## Die deutsch-dänische Familie Schmitz, Tappernøje, Dänemark

*Tappernøje, Dänemark, Oktober 2016: Ich bin in Hamburg aufgewachsen und natürlich weiß ich, dass Dänemark unweit der Hansestadt im Norden an Deutschland grenzt. Aber als ich mich an einem Samstagmorgen aufmache, um die 9.45-Uhr-Fähre von Puttgarden nach Rødby zu nehmen, bin ich überrascht, wie schnell ich Dänemark erreiche. Wenn ich ehrlich bin, weiß ich nicht viel über diesen nördlichen Nachbarn. Ich kenne die rot-weiße Flagge, die durchlöcherten Münzen, die roten Würstchen und weiß, dass Dänemark aus vielen Inseln besteht, eine wunderschöne Hauptstadt und breite Sandstrände hat. Mir fallen einige dänische Designer ein, der Märchenerzähler Hans Christian Andersen – aber sonst? Wieso bin ich nicht vorher auf die Idee gekommen, dieses Land zu erkunden, als ich noch in Hamburg gelebt habe? In Dänemark angekommen, erwarten mich zwei dänische Grenzbeamte. Sie werfen einen kurzen Blick auf mein belgisches Nummernschild, blättern in meinem deutschen Reisepass, schauen mir tief in die Augen und winken mich durch. Ich kenne innereuropäische Grenzkontrollen von den zahlreichen Fahrten zu meiner englischen Verwandtschaft, aber an dieser Stelle fühlt sich die Kontrolle falsch an. Ein Gefühl, das mich mit Wucht zurück in meine Kindheit katapultiert. Ich war zwölf, als mit der Einführung von Schengen 1985 die innereuropäischen Grenzen fielen, und erinnere mich noch gut an die Kontrollen an den Länderübergängen. Entwickeln wir uns vor oder zurück?, frage ich mich, während ich der E47 in Richtung Kopenhagen folge, um die dänisch-deutsche Familie Schmitz zu treffen. Der Deutsche Bernhard Schmitz, 53, lebt seit 27 Jahren mit seiner dänischen Frau Lisbet, 56, auf der Insel Seeland. Beide sind anthroposophische Heilpädagogen. Ihre Kinder Anna, 26, und*

*Matthias, 21, arbeiten und studieren im nahe gelegenen Kopenhagen. Für unser Gespräch kommen sie zu Besuch in ihr Elternhaus.*

Ein bisschen unsicher sei Bernhard Schmitz gewesen, als der Tag unseres Interviews näher rückte, misstrauisch vielleicht. Was soll er dieser fremden Deutschen aus Belgien eigentlich erzählen?, fragte er sich. »Wir sind eine ganz normale Familie«, betont er in der ersten halben Stunde gleich mehrfach. Normal im Sinne von konventionell oder alltäglich sind die Schmitz mit Sicherheit nicht, obwohl der 53-Jährige nicht einmal der einzige Deutsche ist, den es nach Tappernøje verschlagen hat, ein winziges Örtchen mit Blick auf den Præstø-Fjord, irgendwo zwischen Rødby und Kopenhagen. Dass ein Deutscher im Jahr des Mauerfalls einer Dänin in ihre Heimat folgt, um dort mit ihr zu leben, zu arbeiten und eine Familie zu gründen, ist mit Sicherheit eher die Ausnahme als die Regel.

»Eigentlich hatte ich nicht das Bedürfnis, im Ausland zu leben oder zu arbeiten«, reflektierte Bernhard in unserem Vorgespräch am Telefon. »Aber die Liebe ließ mir keine Wahl.« Lisbet heißt diese große Liebe – und welcher dänische Name wäre hier passender? Das Wort Liebst verbirgt sich darin, wenn man zwei Buchstaben verschiebt. Jetzt sitzt sie neben ihm, lächelt und verbessert hin und wieder sein Deutsch. Nach 27 Jahren in Dänemark kann es schon mal haken mit der Muttersprache. Natürlich hat Bernhard sein Deutsch nicht verlernt, aber hin und wieder verschluckt er die Wortenden, so wie die Dänen es tun, und manchmal landet ein dänisches Wort in seinem Satz, ohne dass er es merkt. Seine Frau, die fließend Deutsch spricht, ist in dieser Hinsicht aufmerksamer. »Ich bin leider überhaupt nicht sprachbegabt«, gesteht Bernhard. Für das ungeübte Ohr klingt Dänisch ein bisschen so, als würde jemand beim Zahnarzt versuchen, mit einem Schlauch im Mund zu sprechen. »Die Aussprache ist schwer«, resümiert Bernhard, »aber von der Grammatik her geht es eigentlich.« Die ersten Monate seines

*Lisbet und Bernhard Schmitz mit Anna, Matthias und Annas Freund Sten (Mitte)*

dänischen Lebens verwendete er darauf, die Sprache zu lernen. Später wird Dänisch zur Familiensprache.

Von all dem ahnte er nichts, als er 1983 nach dem Abitur ins Leben startete. Trotz seiner Jugend und obwohl er als Altenberger, einem kleinen Ort zehn Kilometer von Münster, noch nicht viel gesehen hat von der Welt, weiß er mit Bestimmtheit, wo sein Weg ihn hinführt oder besser: ihn nicht hinführt. Klar ist für den überzeugten Pazifisten, dass er nicht zur Bundeswehr will. »Wir steckten mitten im Kalten Krieg. Die Wehrpflicht zu verweigern, war damals nicht leicht«, erinnert sich Bernhard. So kommt es dann auch: Sein Antrag auf Verweigerung wird abgelehnt. »Da stand ich dann da«, erzählt er weiter, »mit meinen halblangen Haaren und einer Zivildienststelle in einer

Behinderteneinrichtung in Wuppertal.« Er klagt in zweiter Instanz und gewinnt. Ähnliche Sicherheit, die richtige Entscheidung zu treffen, muss er empfunden haben, als er wenige Jahre später Lisbet begegnet. Die beiden sind Studenten im Rudolf-Steiner-Seminar für Heilpädagogik in Bad Boll bei Stuttgart. Schnell merken sie, dass sie mehr verbindet als die Anthroposophie und der gemeinsame Berufswunsch. Obwohl er so gut wie nichts über Dänemark weiß, von der Sprache ganz zu schweigen, entschließt er sich, mit Lisbet nach Dänemark zu gehen.

27 Jahre später ist von den halblangen Haaren des Wehrdienstverweigerers nur ein Restflaum übrig, aber die Liebe zu Lisbet ist stark wie eh und je. In Tappernøje hat die Familie Schmitz sich in einem Häuschen am Fjord geschmackvoll eingerichtet. Das Gefühl von skandinavischer Reinheit strömt einem entgegen, wenn man auf den hellen Holzfußböden ins Herzstück des Hauses geht: die Wohnküche mit ihren kalkweißen Wänden, an denen farbenfrohe Ölbilder hängen. Große Fenster geben den Blick frei auf den verwunschenen Garten, im Holzofen knistert später ein Feuer. Die schlanken, spärlich im Haus verteilten Designermöbel sind den Beschreibungen nach das Gegenstück zu den üppigen Plüschsofas in Bernhards Elternhaus in Altenberge. Lisbet mahlt Kaffeebohnen, während Bernhard und ich im Esszimmer sitzen, um der Frage nach den normalen oder nicht so normalen Verhältnissen in dieser deutsch-dänischen Familie auf den Grund zu gehen. Später machen die beiden es sich in farbigen Filzpantoffeln auf dem Sofa gemütlich, auch mir bieten sie mehrfach welche an. Straßenschuhe im Haus? Für Dänen undenkbar.

Tatsächlich erfüllen Lisbet und Bernhard, wenn man sie so nebeneinander sitzen sieht, jedes Klischee eines dänischen Pärchens. *Hyggelig* nennt sich das, wenn man zu Hause gemütlich auf dem Sofa sitzt, neben sich eine Tasse Kaffee oder ein Glas Wein, dazu gute Freunde, schöne Musik, Kerzen und Kaminfeuer. »*Hyggelig* ist viel mehr als nur gemütlich«, versucht Lisbet den Begriff zu beschreiben. »Es ist eigentlich ein Lebensgefühl und etwas sehr, sehr Dänisches.« Ganze Sinneserlebnisse hängen daran: Gerüche, Klänge, Fühlbares. Lass uns *hyggen*, sagen die Dänen, oder: Hier sieht es *hyggelig* aus. Das Wort kann verschiedene Bedeutungen haben, und vielleicht ist es bezeichnend, dass es in Dänemark einen Begriff gibt, der sowohl ein Aussehen, eine Mentalität als auch eine Tätigkeit beschreibt. Nicht ohne Grund legen die Dänen Wert auf ein ansprechendes Äußeres, schönes Wohnen und eine entspannte Atmosphäre. Es scheint ein Teil des skandinavischen Lebensgefühls, des Gesamtensembles zu sein: Leben und wohlfühlen, darauf kommt es an.

Auf der Wohncouch bei Bernhards Mutter im heimischen Altenberge scheint das *hyggelige* Gefühl nicht immer aufgekommen zu sein. »Wir mussten da immer ziemlich steif, in schönen Kleidern und mit guten Manieren, auf dem Sofa sitzen«, erinnern sich Anna und Matthias, die Kinder von Lisbet und Bernhard Schmitz, die sich inzwischen dazugesetzt haben. Zwar verstehen sie das meiste von dem, was die deutschen Verwandten sagen, aber Deutsch sprechen mögen sie nicht. »Die Sprache passt irgendwie nicht zu unserem Lebensgefühl«, findet Lisbet. Als vor Jahren einmal eine Tante Matthias zum Abschied die Hand gab und ihn aufforderte, etwas auf Deutsch zu sagen, guckte der seinen Vater unglücklich an. »Sag doch einfach etwas«, ermunterte er ihn. »Arschloch«, stieß der Siebenjährige hervor und die Tante ließ erschrocken seine Hand fallen. So entsetzt, wie sein Umfeld damals reagierte, so belustigt ist die Runde 15 Jahre später, als seine Mutter die Anekdote zum Besten gibt. Wobei die dänische Aussprache des sch, die mehr nach einem scharfen s klingt, der Geschichte eine besonders charmante Note gibt: »Assloch«.

Die Episode reflektiert das Verhältnis der Schmitz zu Bernhards Heimat. So richtig warm wird der dänische Teil der Familie Schmitz nicht mit den deutschen Verwandten. Zwar kommen sie gern und regelmäßig nach Altenberge, aber es liegen Welten zwischen ihnen. Nicht nur sprachliche. Bernhards Mutter kann nicht wirklich nachvollziehen, warum ihr Sohn in Dänemark lebt und warum seine Kinder nur wenig Deutsch sprechen. Ob sie ihrer Liebe in ein fremdes Land gefolgt wäre? »Die Generation meiner Eltern hatte ja keine Wahl«, sagt Bernhard, »die haben den Krieg erlebt und danach ging es darum, das Land wieder aufzubauen.« Undenkbar wäre es gewesen, die Heimat zu verlassen und woanders sein Glück zu versuchen. Als Bernhard zehn Jahre alt war, verstarb sein Vater an Krebs, und die Mutter musste die Metzgerei von nun an allein weiterführen. Ab morgens um fünf war sie auf den Beinen. *Hyggen,* wie es die Dänen tun? Dafür war gar keine Zeit. Auch später noch, als die Enkel längst auf der Welt waren, arbeitete sie zusammen mit ihrem neuen Mann rund um die Uhr. Nicht einmal Festtage waren eine Ausnahme. »Bei Bernhard wurde nur gepowert«, erinnert auch Lisbet sich.

Ihre eigene Mutter war eine Hausfrau im klassischen Sinne, die zu Hause mit dem Essen wartete, bis die Töchter aus der Schule kamen. Lisbet wuchs in Herning, in Jütland, auf. Für dänische Verhältnisse ist die Stadt mit 50 000 Einwohnern groß und lebendig. »Es war eine schöne, sorgenfreie Kindheit«, kommentiert Lisbet. »Typisch dänisch«, ergänzt Bernhard und meint damit das Aufwachsen im Eigenheim mit Garten, das in Dänemark auch mit geringem Einkommen möglich ist. »Ihre Eltern hatten eines dieser typischen Häuschen im Bungalowstil, günstig gebaut, die zu der Zeit sehr verbreitet waren. Die Häuser erfüllten das Klischee des dänischen Sozialstaats, in dem jeder seine eigenen vier Wände mit Garten haben kann.« Lisbets Vater arbeitete als Werkzeugführer in einem nahe gelegenen Warenlager, in dem Busse hergestellt wurden. »Ich habe nur positive Erinnerungen an mein Aufwachsen. Die meiste Zeit haben wir draußen gespielt«, schließt Lisbet.

Auf den ersten Blick kommen Bernhard und Lisbet aus sehr unterschiedlichen Welten: er aus dem kleinen katholischen Altenberge, das in seiner Kindheit noch stark geprägt war vom Geist der Nachkriegszeit, in der harte Arbeit einen hohen Wert darstellte. Lisbet wuchs unbeschwerter auf, frei von Belastungen aus der Vergangenheit. Andererseits: Lisbets Großmutter war Deutsche und ihr Großvater gehörte zur dänischen Minderheit in Schleswig-Holstein. Lisbets Vater kam in Niebüll zur Welt. Erst später siedelte die Familie nach Dänemark um. »Meine Großmutter, zu der ich eine sehr enge Beziehung hatte, hat zeitlebens mit einem starken deutschen Akzent dänisch gesprochen«, berichtet sie. Bei ihr schnappte Lisbet ihre ersten deutschen Wörter auf.

Dänemark wiederum gehört zu Bernhards Familiengeschichte: Sein Vater war dort während des Zweiten Weltkriegs als Soldat stationiert. »Das ist schon verrückt, wenn man sich das überlegt«, sagt er, »dass mein Vater in meiner Wahlheimat als Soldat eingesetzt war.« Das Bild von Deutschland hat sich in Dänemark über die Jahre gewandelt. »Nachdem die Assoziationen mit dem Nazireich verblasst waren, war Deutschland für die Dänen vor allem eine Autobahn«, erinnert sich Lisbet. »Sie fuhren durch das Land, um nach Südeuropa zu kommen.« Mit dem Mauerfall habe sich die Meinung gewandelt: Seither ziehe es viele Dänen nach Berlin, weil sie hier Großstadt und Geschichte erleben. Die Stadt sei so ganz anders als die dänische Gemütlichkeit. »Bei uns ist vieles einfach niedlich und schön, das sind Begriffe, die für Deutschland nicht passen«, glaubt Lisbet.

Als Anna und Matthias aufwachsen, ist Deutschland noch nicht ganz so angesagt. »Halb deutsch zu sein, war eher nicht so cool«, fasst Anna zusammen. »Süd- oder Nordamerika, das wäre etwas anderes gewesen.« Allerdings erleiden sie aufgrund ihres halb deutschen Status auch keine Nachteile. Eigentlich interessiert es ihre Mitschüler nicht, wo die Eltern herkommen. Nur einmal, als Anna mit einer Schulfreundin für einen guten Zweck Limonade verkauft und ihr Vater vorbeikommt, um nach dem Rechten zu sehen, fragt die Freundin: »Was wollte denn dieser komische Typ?« Bernhard grinst, als Anna die Geschichte erzählt. Er weiß, dass sein Akzent oft für Verwirrung sorgt. Manche halten ihn für einen Schweden, andere für einen Norweger.

Die Erzählungen aus der Vergangenheit stimmen Bernhard nachdenklich. »Haben wir es falsch gemacht mit unseren Kindern?«, fragt er plötzlich in die Runde. »Hätten wir ihnen eine stärkere Bindung an Deutschland ermöglichen und die zweite Sprache mehr fördern sollen?« Die Frage nagt an ihm. Dabei sind Anna und Matthias selbst die beste Antwort: zwei gut gelungene, glückliche Kinder, die ihre Identität eindeutig definieren. »Wir fühlen uns auf jeden Fall dänisch«, sagen sie, »und auch eher skandinavisch als europäisch.« Sie gehen hinaus in die Welt, öffnen sich anderen Kulturen und schauen über den eigenen Tellerrand, weil sie es zu Hause gelernt haben. Anna arbeitet in Indien und Afrika. Als Krankenschwester macht sie sich da nützlich, wo die Hilfe am meisten benötigt wird. Sie weiß, wie privilegiert die Dänen sind. Matthias ist durch Australien, Neuseeland und Teile Asiens gereist und hat dort eine große Nähe zu anderen Skandinaviern gespürt.

»Wenn die Amerikaner sagen, sie reisen nach Europa, dann ist das für sie wie ein großes Land. Aber für uns gibt es so viele Unterschiede zwischen den einzelnen Nationen und Regionen«, erklärt Matthias. Die eigene Identität, das wird deutlich, definiert sich dabei nur formal durch den Pass. Wichtiger ist das eigene Empfinden. Dass man sich einem Land zugehörig fühlen kann, ohne seine Staatsangehörigkeit zu besitzen, dafür ist Bernhard das beste Beispiel. Umgekehrt ist es möglich, Staatsangehöriger eines Landes zu sein, ohne sich ihm zugehörig zu fühlen – so wie seine Kinder im Falle von Deutschland.

»Ich habe mich von Anfang an als Däne gefühlt«, sagt Bernhard, »ich habe mich als Erstes in die Sprache reingekniet, und der Rest kam dann von ganz alleine.« Es sind seine offene Art und die positive Einstellung den dänischen Traditionen gegenüber, die ihm alle Türen in das fremde Land öffnen. Dass es ihm möglich war und ist, seinen Weg zu gehen, fasziniert Bernhard: »Ich erlebe es wirklich als Privileg, dass ich als Deutscher in Dänemark arbeiten und eine leitende Funktion haben kann. Nie hat jemand meine Herkunft oder Identität hinterfragt, für mich ist es wirklich eine Bereicherung, dass ich Lisbet und die dänische Kultur kennengelernt habe und hier wohnen kann.« Die Nachdenklichkeit und die Zweifel, die Bernhard gerade noch im Hinblick auf die Erziehung seiner Kinder an den Tag gelegt hat, weichen dem Enthusiasmus darüber, dass er etwas erreicht hat, auf das er stolz sein kann: sich zu assimilieren, ohne dabei sich selbst aufzugeben. »Natürlich bleibe ich weiter Deutscher, auch wenn ich mich dänisch fühle. Ich bin dort aufgewachsen. Deutsch ist meine Muttersprache. Ich fühle eine tiefe Verantwortung als Deutscher«, sagt er. Auch seinen Kindern hat er Einblicke in diese deutsche Lebenswelt verschafft und sie damit in die Lage versetzt, zu differenzieren, sich abzuheben und sich selbst letztlich noch besser zu verstehen.

Später zeigt Bernhard seine Arbeitsstätte. Marjatta ist mit 450 Mitarbeitern eine der größten und anerkanntesten Behinderteneinrichtungen in Dänemark. Rund 230 Menschen werden hier betreut. Bernhard blüht auf, als er die unterschiedlichen Gebäude und ihre Funktionen erklärt und mit den Betreuten ins Gespräch kommt. Jeden begrüßt er mit Handschlag und Namen. Er begegnet den Menschen auf Augenhöhe, ohne Berührungsängste. Das ist wichtig in seinem Beruf, aber auch seine Offenheit gegenüber einer neuen Sprache und Lebensart. Mit dieser Einstellung gelang es ihm, sich vom pädagogischen Mitarbeiter im betreuten Wohnen zum Chef der gesamten Einrichtung hochzuarbeiten. Die disziplinierte Arbeitsmoral, die er von seinen Eltern gelernt hat, kam ihm dabei zugute. Es ist diese Mischung aus der Treue zu sich selbst und der Bereitschaft, neue Einflüsse auf- und anzunehmen, die seinen Erfolg ausmacht. Über allem steht sein Einsatz für ein übergeordnetes Ziel. Als Chef würde Bernhard eigentlich das größte Büro der Einrichtung zustehen, aber er hat es gegen ein kleines getauscht, weil er selbst nur wenig Zeit am Schreibtisch verbringt und das große Zimmer anders besser genutzt werden kann. Der Verzicht auf den repräsentativen Raum zeigt, wie wenig es Bernhard um sich selbst geht und wie viel ihm an der Einrichtung gelegen ist, für die er arbeitet, seit er in Dänemark ist. Marjatta ist auch sein Lebenswerk: Integrationsstätte für Behinderte, aber letztlich auch der Ort, der ihm selbst die Integration ermöglichte, als Verantwortungsträger im sozialen Bereich in die dänische Gesellschaft.

Vielleicht ist es kein Zufall, dass sich hinter Marjatta echte europäische Zusammenarbeit verbirgt. Wenn man genau hinguckt, fallen Parallelen zwischen der Heimstätte und der EU auf. Das Behindertenheim wurde von einem Niederländer gegründet, der sich in Schottland von einem Österreicher zum Heilpädagogen ausbilden ließ und später mit seiner dänischen Frau in ihrer Heimat die Einrichtung eröffnete. Der entscheidende Unterschied zur EU besteht in der Führung. Leadership nennt Bernhard das und meint damit auch die behutsame Weiterentwicklung der Stätte im Einklang mit den Mitarbeitern. »Ziel bei uns ist es, dass die meisten Entscheidungen von den Verantwortlichen der einzelnen Bereiche – wie zum Beispiel Schulheim, Werkstatt, Ausbildung und Forschung – selbst gefällt werden«, erklärt Bernhard. Das funktioniere nur, wenn eine enge und verpflichtende Zusammenarbeit auf der einen Seite und die richtigen Rahmenbedingungen auf der anderen Seite vorhanden sind: »Die Ziele und Werte, die uns als Handlungsgrundlage dienen, sind quasi der Klebstoff, der alles zusammenhält und dezentrale Entscheidungen möglich macht.«

Marjatta könnte ein Vorbild sein für die EU: eine Gemeinschaft, die im Kontext eindeutiger Gesetzgebung auf klar definierten Zielen und Werten basiert, in der aber einzelne Bereiche, wie im Falle der EU die Länder, ein hohes Maß an Selbstverwaltung erhalten. Auch Bernhard sieht die Parallelen. Was im Kleinen funktioniere, müsse doch auch in einem größeren Rahmen möglich sein. Als Deutscher und gefühlter Däne weiß er, dass alle europäischen Länder anders ticken. Vor allem die Dänen legten Wert auf ihre Eigenständigkeit.

So oft es gehe, schwenkten sie ihre rot-weißen Flaggen. Ganz zu schweigen vom Stolz auf ihre eigene Währung. »Eigentlich müsste man eine Partei gründen, die sich stark macht für eine föderalistische EU«, sagt er nachdenklich. Während er gerade anfängt, über proeuropäische Politik zu philosophieren, ist aus der Küche ein lauter Knall zu hören. Lisbet hat eine Flasche selbst gemachten Holundersirup fallen lassen. Bernhard eilt ihr zu Hilfe. »Es gibt wichtigere Sachen als Europa«, ruft er, schon einen Lappen in der Hand. Und da ist sie wieder, die ganz normale Familie, deren größte Herausforderung jetzt der klebrige Küchenfußboden ist.

*»Ich weiß gar nicht, was ich erzählen soll, wir sind doch eigentlich ganz normal«, sagte Bernhard zu Beginn unseres Gesprächs. Es stimmt, Familie Schmitz ist eine ganz normale Europafamilie, die entstanden ist, weil Lisbet und Bernhard die Grenzen ihrer Heimatländer überschritten und sich für ein neues Land geöffnet haben. Aber genau das macht ihre Geschichte in diesen Zeiten so besonders. »Europa ist entstanden durch Arbeit, Courage und den Willen zur Zusammenarbeit«, sagt Bernhard an anderer Stelle. Mit diesen Worten hätte er auch seine Familie beschreiben können. Hier, in Tappernøje, zwischen Rødby und Kopenhagen, schlägt das Herz der EU. Wenn das normal wäre, bräuchte unser Staatenbund nicht um seine Zukunft zu bangen.*

# Ihana – das Leben kann so schön sein
## Die deutsch-finnische Familie Steinke, Reinbek, Deutschland

*Reinbek bei Hamburg, Deutschland, Oktober 2016: Mitten in Hamburg, an einem der schönsten Orte der Hansestadt, liegt an der Elbe die finnische Gemeinde. Dieses Jahr feiert sie ihr 100-jähriges Bestehen. In unmittelbarer Nähe der finnischen Seemannskirche, die es bereits seit 50 Jahren gibt, ist sie heute ein kulturelles Zentrum vieler in Hamburg und Umgebung lebender Finnen und ihrer Familien. Neben München, Berlin und Köln ist die Hansestadt eine der finnischen Hochburgen in Deutschland. Eine Finnin in Hamburg ist die 63-jährige Päivi Nurmi-Steinke, eine Lehrerin, die mich zusammen mit ihrem deutschen Mann Christoph, 65, Fotograf, in ihrem Haus in Reinbek empfängt. Wir nehmen am Esstisch Platz, wo bereits eine Thermoskanne Kaffee und Kekse auf uns warten. Die beiden Kinder der Steinkes, Ulla, 36, und Annika, 33, die in Köln und Hamburg leben, sind an diesem Sonntag in Gent und Paris.*

Gibt es ein finnisches Wort, möchte ich von Päivi und Christoph Steinke wissen, das typisch ist für Finnland und sich nicht ins Deutsche übersetzen lässt? Das finnisch-deutsche Paar überlegt. »Ihana«, platzt es aus Christoph Steinke heraus, »das trifft es.« *Ihana* sei der in Buchstaben gegossene Superlativ eines Glücksgefühls, der jeden Versuch der deutschen Sprache, auch nur annähernd an ihn heranzukommen – wie atemberaubend, überwältigend oder ehrfurchtgebietend –, vergeblich mache. *Ihana* beschreibt die schiere Überwältigung und damit das Gefühl, das Christoph Steinke empfand, als er sich Finnland von Schweden aus zum ersten Mal näherte. Er stand an der Reling des Fährschiffes, das die beiden skandinavischen Länder miteinander verbindet, den Blick nach vorn gerichtet. Der Weg

*Päivi und Christoph Steinke mit Ulla (Mitte) und Annika*

führte durch die Schären Ålands, und der Deutsche konnte die Schönheit der Landschaft kaum fassen: Vor ihm erstrahlten Inselgrüppchen und hunderte glatte Felsvorsprünge im Rot der untergehenden Sonne. Christoph war sofort gefesselt. Finnland, das war und ist das pure Glück für ihn. Eine traumhaft schöne Landschaft und diese Frau, die jetzt neben ihm sitzt und ihn von der Seite anguckt. Sie lächelt und nickt schließlich: »Ja, das stimmt. So ist das.«

Seit 45 Jahren leben Päivi und Christoph Steinke zusammen. 30 Jahre davon in einem Reihenhaus in Reinbek, dem man die kulturelle Vielfalt, die in ihm zu Hause ist, zunächst nicht anmerkt, wenn man die Häuserreihe abläuft und nach äußeren Zeichen Ausschau hält, einer finnischen Flagge etwa oder – ja, was ist eigentlich typisch finnisch? Hätte man das Haus von hinten betreten, wäre einem die gigantische hölzerne Doppel-Hollywoodschaukel aufgefallen, die es sonst nur in Finnland gibt. An den Pfosten der Schaukel ist ein Duschkopf montiert, der einen stutzen lässt. »Unsere Sauna«, erklärt Christoph. Man kann sich das Schmunzeln nicht verkneifen. Selbstverständlich darf in einem finnischen Haushalt die Sauna nicht fehlen. Hier stehen die Steinkes also, wenn sie sich nach einem Saunagang im Keller mit kaltem Wasser erfrischen wollen. Anstelle der glatten finnischen Felsvorsprünge sind da die Reinbeker Rhododendren, die die Steinkes vor den Blicken neugieriger Nachbarn schützen. Erfüllt von den Landschaftsbeschreibungen in Päivis Ursprungsland kann ich mir vorstellen, wie die Steinkes auch noch bei einstelligen Temperaturen unter der selbst gebauten Gartendusche stehen, vor ihrem geistigen Auge der Anblick der einzigartigen Seenlandschaft Finnlands. *Ihana*, jawohl. Finne müsste man sein.

Dass man es werden kann, vom Gefühl her jedenfalls, beweist Christoph Steinke. Allerdings ahnte er davon nichts, als er in den 1950er-Jahren in einem kleinen Ort in Hessen aufwuchs. Päivi hingegen streckte bereits mit elf Jahren ihre Fühler in Richtung Deutschland aus. »Ich sollte eigentlich auf eine Privatschule gehen, die einen englischen Schwerpunkt hatte«, erklärt sie, »aber da meine Brüder auf Staatsschulen gingen, empfand ich das als ungerecht ihnen gegenüber. Also habe ich mich kurz entschlossen bei der Privatschule ab- und der Staatsschule angemeldet. Und die hatte den Schwerpunkt Deutsch.« So ist das bei Päivi: klein, aber oho. Schon früh weiß die 1,57 Meter große Finnin, was sie will. Und diese Gewissheit soll sich durch ihr ganzes Leben ziehen. Ohne ihr beherztes Eingreifen als Schülerin wäre die Familie Steinke in Reinbek wohl nicht zustande gekommen. Päivi lacht, sie ist überhaupt ein vergnügter Mensch, und gießt ordentlich Kaffee aus der Thermoskanne nach.

Ein Deutscher und eine Finnin. Wie und wo war es möglich, sich in den frühen 1970er-Jahren kennenzulernen? Die EU war zu dem Zeitpunkt noch die EG und Finnland noch längst kein Mitglied des Staatenbundes. »In der Küche des Studentenwohnheims in Marburg«, kichert Päivi vergnügt, »also da haben wir uns kennengelernt. Erst war ja noch nichts.« Als Schülerin nutzte Päivi ihre langen Sommerferien, um ihre Sprachkenntnisse zu vertiefen. Neben Grammatik und Vokabeln lernte das junge Mädchen zunächst in Celle, ein Jahr später in Marburg eine entscheidende Lektion: Deutschland ist schön, man kann so viel machen, und die Männer sind nett, zuvorkommend und begegnen ihr mit Respekt. Das hat ihr gefallen.

Ganz besonders mochte sie diesen einen: den jungen, großen Studenten mit den tiefbraunen Augen, der in Marburg Biologie studiert, obwohl er sich eigentlich für Medizin interessiert. Er hofft, dass die Bundeswehr ihn nicht zum Wehrdienst einzieht, rechnet mit allem, nur nicht damit, dass ihm die Frau seines Lebens über den Weg läuft. Gerade hat er auf dem altsprachlichen Jungengymnasium in Friedberg sein Abitur gemacht, als Ältester von drei Geschwistern und Sohn eines Kriegsflüchtlings aus Pommern. Christoph, der sein heimisches Friedberg verlässt, um auf eigenen Beinen zu stehen, bekommt nach ihrer ersten Begegnung das stupsnasige, blonde Mädchen aus dem hohen Norden nicht mehr aus dem Kopf. Ihr geht es ähnlich. Noch bevor sie 1972 ihr Abitur in Helsinki absolviert, macht er sich auf den weiten Weg, seine Päivi in ihrer Heimat zu besuchen. Den Begriff *Ihana* kennt er zu diesem Zeitpunkt noch nicht, aber hätte er ihn gekannt, wäre er an dieser Stelle angebracht gewesen: Das finnische Fräulein samt der es umgebenden Landschaft ziehen den jungen Hessen magisch in den Bann und lassen ihn nicht wieder los. Noch heute, 45 Jahre später, guckt er sie so an, wie er es damals in der Marburger Gemeinschaftsküche getan haben muss: ein bisschen verlegen, zugleich hingerissen und sehr, sehr zärtlich.

Dass hier keine südländischen Temperamente aufeinandertreffen, die sich gleich in eine leidenschaftliche Beziehung stürzen, wird daran deutlich, wie sich die Geschichte weiterentwickelte. Einige Zeit nach dem Besuch ihres deutschen Freundes, fällt die frischgebackene Abiturientin Päivi erneut eine Entscheidung. »Mach doch ein Probejahr in Deutschland, habe ich damals gedacht, du hast ja keine Eile, kannst ja wieder zurückkommen, wenn es nicht klappt«, erzählt Päivi in ihrer optimistischen Art. Also sucht sie sich einen Job in einer Buchhandlung in Friedberg, um in der Nähe ihres Freundes zu sein. Der absolviert mittlerweile seinen Dienst bei der Bundeswehr und verbringt so viel Zeit wie möglich mit seiner finnischen Freundin. »Aus dem Probejahr ist ein Leben geworden«, lacht Päivi mehr als 40 Jahre später. »Noch Kaffee?«

Man muss ergänzen: Auch die Zeit spielte den Steinkes in die Hände So wie Päivi zieht es ab Ende der 1960er-Jahre viele Landsleute nach Mitteleuropa. Die finnische Wirtschaft habe sich nur langsam von den finanziellen Belastungen der Kriegsreparationen erholt, berichtet Päivi: »Wirtschaftlich lag das Land am Boden.« Vor diesem Hintergrund ist Päivis Entschluss, nach Deutschland zu gehen, nicht ganz so radikal, wie er auf den ersten Blick aussieht. Dennoch geht es ihr nicht darum, mit Finnland zu brechen. Im Gegenteil. Päivi besteht auf ihrer finnischen Staatsbürgerschaft, auch wenn das bedeutet, dass sie, bis Finnland 1995 der EU beitritt, zunächst alle sechs Monate ihre Aufenthaltsgenehmigung verlängern lassen muss. Auch ihre finnische Familie und ihre Schulfreunde bleiben wichtige Bestandteile im Leben von Päivi Steinke.

Nach dem bestandenen Beziehungsprobejahr ziehen die beiden nach Marburg, um zu studieren. Päivi, die Sprachinteressierte, die schon damals perfekt Deutsch spricht, studiert Germanistik und Russisch. Ihr finnisches Abitur wird problemlos anerkannt, sie muss nur einen Sprachtest machen, um in

Deutschland studieren zu dürfen. Später tauscht sie Germanistik gegen Anglistik und zieht das Studium bis zum Staatsexamen 1978 durch. »Darauf bin ich stolz, das muss ich sagen«, macht Päivi deutlich. Christoph hingegen bricht sein Medizinstudium ab und fasst in der Fotobranche Fuß. Jobs sind rar in der Studentenstadt Marburg, und so bewerben sie sich in Richtung Norden, von wo der Weg nach Finnland kürzer ist. Freunde leben in Hamburg und Kiel und schließlich werden auch die Steinkes fündig. In Hamburg finden sie Arbeit und eine Wohnung. Hier gründen sie ihre Familie. 1981 kommt Ulla zur Welt, 1984 folgt Annika.

»Das ist vielleicht noch wichtig«, sagt Christoph an anderer Stelle, »dass wir die ganzen Jahre glücklich zusammenleben.« Zu übersehen ist das nicht. Die Steinkes leben nicht nur glücklich zusammen, sie wirken fast wie zu einer Einheit verschmolzen. So wie sie ihre Geschichte erzählen, sich gegenseitig ergänzen und mit Erinnerungen auf die Sprünge helfen, kann man sich den einen ohne den anderen kaum vorstellen. Vergeblich sucht man nach Zeichen, die auf interkulturelle Diskrepanzen deuten.

Der einzige Wermutstropfen in dieser Beziehung scheint der Hang zum Aufbewahren. Die Steinkes können sich nur schwer von Dingen trennen. »In 30 Jahren sammelt sich einiges an«, erklärt Päivi, »wir müssten mal entrümpeln.« Aber irgendwie passt es auch zu den beiden, dass sie auch lange nicht mehr benutzte Dinge nicht zum Sperrmüll bringen. Altes und Neues verbindet sich bei den Steinkes. Die finnische Welt, die Päivi hinter sich ließ, um mit Christoph in Deutschland zu leben, ist auch in der Gegenwart immer präsent. Die Relikte aus der Vergangenheit tragen zu dem Gefühl bei, dass hier eine große Harmonie herrscht: zwischen den Eheleuten und dem Früher und Jetzt. Die Reinbeker Enge steht im Kontrast zur finnischen Weite, die die Steinkes herbeisehnen, wenn der deutsche Alltag sie zurückhat. Hier braucht die eine Welt die andere, um ein gemeinsames Ganzes zu ergeben.

»Zieht ihr nach Finnland?«, werden sie oft von ihren deutschen Freunden gefragt, jetzt, wo der Ruhestand vor der Tür steht. »Nein«, ist die eindeutige Antwort. Deutschland ist ihr Zuhause, hier leben die Kinder, hier sind Freunde, das Haus und ein Gesundheitssystem, auf das die Steinkes – im Gegensatz zum finnischen – vertrauen. Nur einmal, Mitte der 1980er-Jahre, spielten sie ernsthaft mit dem Gedanken, Deutschland den Rücken zu kehren und mit der jungen Familie in Richtung Norden umzusiedeln.

Die Steinkes lebten damals in Steilshoop, einem Stadtteil von Hamburg, der für seine gigantischen Wohnanlagen bekannt ist und heute zu den sozialen Brennpunkten mit einem überdurchschnittlich hohen Ausländeranteil gehört. Hier, inmitten der Betonlandschaft der Millionenmetropole Hamburg, bekamen die Steinkes Sehnsucht nach Finnland: weg von der tristen Stadtkulisse hin zum Leben im Einklang mit der Natur, die beide so lieben. Und auch hin zu Päivis Freunden und ihrer Familie. Drei Brüder und die Eltern lebten in Helsinki. »Der Umzug musste vor der Einschulung unserer Ältesten passieren, so viel stand fest«, erklärt Päivi in ihrer klaren Art. Nach einigen Bewerbungsgesprächen fehlte nur noch die konkrete Zusage für den Job. Die jedoch blieb aus. »Kurze Zeit später kam in Finnland die Rezession. Wir waren so froh, dass es bei uns nicht geklappt hatte. Sicher hätten wir den Wirtschaftsabschwung zu spüren bekommen«, resümiert sie heute.

Danach gab es nie wieder den Wunsch, nach Finnland zu ziehen. Vielleicht liegt das auch daran, dass die Steinkes Steilshoop verlassen und in Reinbek, Schleswig-Holstein, ein neues Leben begonnen haben. Um ihren Kindern ein Aufwachsen im Grünen zu ermöglichen, sind sie schließlich hinter Hamburgs Stadtgrenze gezogen, wo sie sich in dem Reihenhaus mit Garten einrichten, in dem sie heute noch leben. Die Gegend ist grün, die Menschen freundlich, jetzt sind die Steinkes angekommen. Ihr Lebensmittelpunkt bleibt Deutschland. Das ändert nichts daran, dass Finnland fest in Päivis Herzen verankert ist.

Finnland, das wird das Land der Familienbegegnungen, der Ferien, der Ruhe und der Weite. Hier laden sie jeden Sommer ihre Batterien auf, verbringen mehrere Wochen im Sommerhaus am See – mit Sauna, Boot und Strom, aber ohne fließend Wasser. Die Kinder lernen, Wäsche am Waschbrett zu waschen und ohne modernen Komfort zu leben. Christoph beobachtet Vögel und genießt die Ruhe. Die Familie ist glücklich. Sie sichert sich *the best of both worlds,* wie man im Englischen sagen würde: Sie richtet sich so ein, dass sie von den Vorzügen beider Welten profitiert.

Später, als es Päivis Vater altersbedingt schlechter geht und einer ihrer Brüder mit Mitte fünfzig schwer an Krebs erkrankt, wird die geografische Distanz zu einer großen Herausforderung. Aber Päivi schafft es, ihre Familie auch von Deutschland aus zu unterstützen: per Telefon vor allem, aber auch online, per WhatsApp und indem sie, so oft sie kann, Richtung Norden reist, wenn auch nur für Stippvisiten. Ihr familiärer Bogen spannt sich inzwischen bis nach Frankreich. In Paris lebt ihre jüngere Schwester, verheiratet mit einem Portugiesen, zu der sie engste Kontakte pflegt.

Mit dem Umzug nach Reinbek begann für Päivi auch eine neue berufliche Laufbahn. Bis dahin arbeitete sie als Fremdsprachensekretärin in einer Holzimportagentur, wo neben ihren Deutsch- auch ihre Finnisch-, Schwedisch- und Englischkenntnisse gefragt waren. Mit dem Schulbeginn ihrer jüngeren Tochter wechselte Päivi selbst in den pädagogischen Bereich und knüpfte an ihre Ausbildung als examinierte Gymnasiallehrerin für Russisch und Englisch an. Lange hat sie darauf gewartet, denn als Finnin hatte sie zum Zeitpunkt ihres Examens noch kein Recht auf eine Verbeamtung, weil Finnland Ende der 1970er-Jahre kein Mitglied der EU war und damit Päivi keine Chance auf ein Referendariat hatte. »Mit Russisch wäre es eh schwer geworden«, sagt sie, »das gab es nur an wenigen Schulen.« Also fügte sie sich praktisch-pragmatisch-»päivisch« und arbeitete in der Holzimportagentur. Als sich Anfang der

1990er-Jahre jedoch die Möglichkeit ergibt, im Schulbereich zu starten, ist sie sofort dabei.

Zeitgleich kommen viele Russlanddeutsche in die BRD, deren Kinder kein Deutsch sprechen. »Die Schulen versuchten zusätzliches Personal einzustellen, um die Russlanddeutschen besser zu integrieren. Programme wie Deutsch als Zweitsprache gab es noch nicht«, erklärt Päivi. Mit ihren herausragenden Russischkenntnissen und eigenen bilingualen Kindern zu Hause ist sie die ideale Kandidatin für die Aufgabe, Kinder sprachlich zu begleiten. »Es fiel mir nicht schwer, die Grammatik zu vermitteln, weil ich die Probleme der russischen Kinder gut kannte«, erinnert sie sich. Von jetzt an widmet sie, die Finnin, sich der Vermittlung der deutschen Sprache. Den Russlanddeutschen folgen andere Ausländer: Spanier, Griechen, Polen, alle möglichen Nationen, deren Kinder in Schulen und Kitas Deutsch lernen. An der Volkshochschule unterrichtet Päivi Erwachsene. Sie bringt ihnen Deutsch und Finnisch bei. Mit knapper Mehrheit votieren die Finnen 1995 für den Beitritt zur EU. Päivi freut sich. Nicht nur, weil sie ihre Aufenthaltserlaubnis nun nicht mehr beantragen muss. »Finnland war plötzlich präsent in Deutschland. Die Menschen wussten nun, wo es liegt, und fingen an, sich dafür zu interessieren«, sagt Päivi.

Während sie ausländischen Kindern Deutsch beibringt, verändert sich auch Christoph beruflich. Er macht sich im Bereich der Fotografie selbstständig. Nebenbei verbessert er sein Finnisch. Der Autodidakt Christoph lernt durch Zuhören und Lossprechen; Kurse an der Volkshochschule dagegen sind ihm zu trocken und grammatiklastig. Er profitiert davon, dass Päivi mit den eigenen Kindern zu Hause nur ihre Muttersprache spricht. Zusammen mit seinen Töchtern Ulla und Annika lernt auch er nach und nach sich auszudrücken. Dass Päivi mit ihren Kindern finnisch spricht, steht von Anfang an fest. »Früher hatten die Leute das Bewusstsein noch nicht«, sagt Päivi. »Viele Finnen, die in den 1960er-Jahren, also noch vor mir, hierhergekommen sind, haben das versäumt.« Hinzu komme, dass Zweisprachigkeit damals in Deutschland nicht bekannt war. Selbst Lehrer in der Schule sagten einem mitunter, man solle deutsch mit seinen Kindern sprechen. »Ist doch Quatsch, wenn die Eltern es selbst nicht richtig können«, meint Päivi.

Mit Ulla und Annika haben Päivi und Christoph es richtig gemacht. Die Kinder sprechen perfektes Finnisch. Den Sprachaufstand, den die Mädchen im vorpubertären Alter proben, ignoriert Päivi. Sie beharrt auf ihrer Muttersprache. »Die beiden hatten eine Phase, wo es ihnen vor anderen peinlich war, dass ich nicht deutsch gesprochen habe«, erinnert sie sich. »Aber später haben sie dann gemerkt, dass es cool ist, eine Geheimsprache zu haben. Wer spricht schon Finnisch?«

Einmal in der Woche unterrichtet Päivi auch an der finnischen Schule im Finnen-Zentrum am Hafen, wo sie Gruppen von Acht- bis Elfjährigen betreut. Sie hat sich darüber hinaus jahrelang deutschlandweit für eine bessere Vernetzung der Finnenschulen engagiert und ist im Finnischen Auslandsparlament aktiv, das sich bei der finnischen Regierung für die im Ausland lebenden Finnen einsetzt.

An der finnischen Schule werden Kinder unterrichtet, die, wie die Steinkes, einen finnischen Elternteil und finnische Sprachkenntnisse haben, aber in deutsche Schulen gehen. Es gibt auch Kinder, die finnisch sind und gleichzeitig noch einer anderen Nationalität angehören: »Die wachsen mit drei Sprachen auf. Auch das ist durchaus möglich, wenn man es konsequent macht«, weiß Päivi. Und so wie sich Sprachen verbinden lassen, so funktioniere es auch mit der Kultur, der Essens- und Feierkultur zum Beispiel. Den 24. Dezember feiern die Steinkes auf finnische Art: »Bei uns gibt es sehr viel zu essen wie bei den Schweden.« Angefangen mit dem Reispudding, in dem eine Mandel versteckt ist, die ihrem Finder im kommenden Jahr Glück bringen soll, über Lachs- und Heringshäppchen bis hin zum großen gepökelten Weihnachtsschinken mit Senfkruste. Der Weihnachtsmann aus dem heimischen Lappland lässt die Geschenke im Wäschekorb vor der Tür stehen. Am ersten Weihnachtsfeiertag übernimmt Christoph das Zepter in der Küche und zaubert Rotkohl mit Pute und Klößen.

Zwei Welten zu einer Einheit zu machen, ist eine große Leistung, die Familie Steinke da vollbringt, und sie ist keineswegs selbstverständlich. So schafften es die Eltern von Christoph im Gegensatz dazu nur schwer, sich in ihrem Heimatort Friedberg zu integrieren. Sein Vater, der Flüchtling aus Pommern, fühlte sich lange ausgeschlossen von der Gemeinschaft: »Zugezogene gehörten nicht dazu, darunter hat mein Vater sehr gelitten«, berichtet Christoph. Auch die mehrjährige Kriegsgefangenschaft auf Korsika setzte dem Vater zu, ohne dass er je darüber spricht. Vielleicht ist es die Verschlossenheit des Vaters, die Christoph intuitiv das Gegenteil tun lässt. Mit größter Offenheit und Flexibilität begegnet er seiner Päivi. Für ihn ist es selbstverständlich, dass sie nach Deutschland gehört. Auch ihr Umfeld reagiert offen. »Ich kann mich nicht daran erinnern, dass ich je diskriminiert wurde. Abgesehen davon, dass ich nicht verbeamtet werden konnte und auch jetzt, nach gut 40 Jahren Arbeit in Deutschland, noch immer kein Wahlrecht habe«, sagt Päivi. Die deutsche Staatsbürgerschaft zu beantragen, sei ihr noch nicht in den Sinn gekommen: »Ich brauche sie nicht. Aber wählen würde ich schon gerne. Lieber hier als in Finnland. Hier geht es mich mehr an.«

Anders als die Deutschen, die ihr Wahlrecht verlieren, wenn sie 25 Jahre lang keinen Wohnsitz in Deutschland hatten, dürfen die Finnen ihr Leben lang die finnische Regierung mitbestimmen, egal wo sie wohnen. Und so wählt Päivi, weil es ihr in Deutschland verwehrt bleibt, in ihrem Herkunftsland, wo ihre Brüder, ihre Mutter und viele Freunde leben. Wer weiß: Vielleicht zieht eine der Töchter später in den hohen Norden? Oder gar die Enkel? «Annika ist während ihres Erasmus-Austauschjahrs fast hängen geblieben«, erzählt Christoph, »und ihr jetziger Freund, ein Deutscher, lernt auch schon Finnisch. Von seinem ersten Urlaub im Sommerhaus war er ganz begeistert.«

Der Finnenvirus verbreitet sich. Von Christoph springt er auf Annikas Freund über und ist so auf dem besten Weg, sich in die zweite Generation fortzupflanzen. Selbst wenn die Kinder der Steinkes nicht nach Finnland ziehen sollten und nur die Sommerhaustradition fortsetzen, Finnland wird auf diese Weise sicher in den Herzen der Enkel weiterschlagen.

Das deutsch-finnische Glück in Reinbek ist perfekt. Oder nicht? »Mit meinen finnischen Freundinnen in Hamburg spiele ich Eurolotto. Manchmal sitzen wir zusammen und spinnen vor uns hin, was wir mit einem Multimillionengewinn machen würden«, sagt Päivi, halb ernst, halb im Spaß. »Neulich sagte eine von uns: ›Ein Altersheim. Wir bauen uns ein Altersheim.‹« Und dann erzählt Päivi von der Idee eines finnischen Altersheims für die in Norddeutschland ansässigen Finnen. Die finnische Gemeinde habe bereits Fragebögen in Umlauf gebracht, um zu ermitteln, wie hoch das Interesse sei. »Im Alter sehnen sich viele nach ihrer Muttersprache zurück, und gerade Demenzkranke vergessen alles neu Erlernte. Sie können sich nur noch in ihrer Muttersprache verständigen«, erklärt Päivi. Es ist ihr anzumerken, dass ihr die Idee gefällt: alt werden mit Finnen in der deutschen Heimat. »Dich nehme ich natürlich mit«, sagt sie an Christoph gewandt. Der lächelt sie an. Zärtlich. *Ihana*, denke ich. Das Leben kann schön sein.

*Erfüllt von den Landschaftsbeschreibungen der Steinkes und angetan von ihrem positiven Lebensstil, nehme mir vor, selbst mal einen Sommer mit meiner Familie in Finnland zu verbringen: in einem Sommerhaus am See mit Sauna, Boot und Strom, ohne fließend Wasser. Ob der Finnenvirus ansteckend ist? Ich glaube, ich bin bereits infiziert.*

# Si, si, ja, ja – so leicht geht Integration
## Die deutsch-spanische Familie Vidart-Diaz Dumdei, Berlin, Deutschland

*Berlin-Prenzlauer Berg, Deutschland, Oktober 2016: Gerade war ich bei den deutsch-finnischen Steinkes in Reinbek bei Hamburg, wo mir auf heckengesäumten Fußwegen entlang aufgeräumter Reihenhäuser mit gepflegten Gärten nicht eine Menschenseele begegnete. Im Berliner Stadtteil Prenzlauer Berg erwartet mich das Gegenteil: kein Grün, dafür aber reges Treiben auf den breiten Trottoirs. Mütter mit niederländischen Kastenfahrrädern, Kleinkinder auf Laufrädern und unzählige Schulkinder, die Farbe in das Berliner Grau bringen. Die jungen Familien im Viertel kommen nicht nur aus weiten Teilen Deutschlands. Auch aus dem Ausland zieht es über die Jahre immer mehr Menschen nach Berlin. Französische, englische, polnische und italienische Wörter schwirren durch die Luft. Kein Wunder, dass Maria Vidart-Diaz hier heimisch geworden ist. Die 44-jährige Spanierin kam 1995 als Studentin nach Berlin, lange bevor die Finanzkrise die Übersiedlung vieler ihrer spanischen Landsleute in die deutsche Hauptstadt auslöste. Hier lernte sie vor 18 Jahren Thomas Dumdei kennen, 53, West-Berliner, Rundfunkfachkaufmann, Erzieher, Rikschafahrer und -konstrukteur. Die Wohnung von Maria, Verkäuferin in einem Trödelladen, Puppenmacherin und Mitarbeiterin in einer internationalen Kinderbuchhandlung, Thomas und dem zehnjährigen Mika befindet sich in einem sanierten Altbau, zweiter Stock, Vorderhaus. In einer WG um die Ecke wohnen Mikas Halbgeschwister Ana (20) und Jakob (22), die aus den jeweils ersten Beziehungen von Maria und Thomas stammen. Sie kommen zu unserem Gespräch hinzu.* »Soll ich meine Schuhe ausziehen?«, *frage ich, weil ich es in Dänemark so gelernt habe.* »Wie ist das in Spanien?« »Mach es, wie du willst«, *lacht Maria, und dieser erste Satz verrät viel über sie.*

*Familie Vidart-Diaz Dumdei mit Verwandten bei einer Weihnachtsfeier in Spanien*

Thomas entschuldigt sich, als er die große, gusseiserne Form vom Gasherd auf den breiten Holztisch hebt: »Ich habe das noch nie gekocht. Das ist eigentlich Marias Gericht.« Aber Maria ist, nachdem sie lange aus ihrem Leben erzählt hat, zum Sport gegangen. Thomas verteilt Bandnudeln aus einem riesigen Topf und reicht Gewürze herum. Er befürchtet, dass seine Interpretation des Gerichts den Anwesenden nicht schmeckt. Am Tisch mit uns sitzen Mika, Jakob und Ana.

Als schließlich jeder ein Türmchen Pasta und Hühnchen-Zwiebel-Tomaten-Gemisch auf dem Teller hat, entfährt es Jakob, Thomas ältestem Sohn aus erster Ehe: »Es ist ein richtiges Patchwork-Essen, das passt zu uns.« Alle lachen. Und, ja, das trifft es genau. Denn das von Thomas abgewandelte Maria-Gericht basiert eigentlich auf einem Rezept von Kerstin, Jakobs Mutter. Genau wie beim Kochen greifen die Gürschner-Vidart-Diaz-Dumdei-Krauses auch im echten Leben auf die Expertise des anderen zurück und ergeben zusammengenommen eine Großfamilie. Aber dazu – und zu den eigenwilligen Nachnamen – später mehr.

Die Geschichte der deutsch-spanischen Familie, in der jedes Mitglied anders heißt und die viel größer ist als der binationale Kern, beginnt Mitte der 1990er-Jahre mit einem Zufall. Maria, die in Salamanca Malerei studiert, möchte als Erasmus-Studentin ins Ausland gehen. Eigentlich ist Edinburgh ihre erste Wahl, aber sie bekommt den Zuschlag für Berlin. Bei Deutschland denkt sie an große, blonde Menschen, denn das entspricht dem Klischee, das die Spanier bis in die frühen Neunziger von den Deutschen haben. 1995, als 23-Jährige, macht sie sich zum ersten Mal selbst ein Bild. Das Internet schickt noch keine Fotos um die Welt und so staunt Maria, als sie in Deutschland neben großen Blonden auch kleine Dunkle und überhaupt ein ziemliches Multikulti sieht. Dass sie zwar ähnlich aussehen, aber ganz anders ticken als die Menschen in ihrer Heimat, stellt Maria nach und nach fest.

Heute lacht sie, aber als sie als junge Studentin in Berlin-Weißensee ihre Kommilitonen zur Begrüßung umarmte und ihnen zwei Küsschen auf die Wange gab, wunderte sie sich, warum die erschrocken einen Schritt zurück machten. »Ich habe gedacht: Was ist mit mir, dass die anderen mich nicht begrüßen wollen?« Später beobachtet sie, dass die Deutschen sich mit einem Sicherheitsstand von etwa einem Meter die Hand geben, wenn sie sich Guten Tag sagen – es sei denn, sie kennen sich wirklich gut. »Für uns Spanier ist der Körperkontakt enorm wichtig«, erklärt Maria, »wir fassen uns ständig an, das ist ganz normal.«

Es ist einer von vielen Unterschieden zwischen Spaniern und Deutschen, die Maria im Laufe der Zeit erkennt. Dass die Angehörigen beider Nationen dennoch kompatibel sind, sich vielleicht sogar auf harmonische Art ergänzen, zeigt die Geschichte von Maria und Thomas. In den vergangenen 18 Jahren, so lange kennen sie sich jetzt, haben sie viel voneinander gelernt. Die Sprache und die kulturelle Identität spielen dabei eine wichtige Rolle. Anders als in herkömmlichen Familien müssen Maria und Thomas zunächst die sprachlichen Barrieren überwinden, bevor sie einander wirklich verstehen. Maria, die nur Spanisch und Englisch spricht, als sie Thomas begegnet – Letzteres laut Thomas mit einem katastrophalen Akzent –, lernt Deutsch und eignet sich über die Jahre Fähigkeiten an, die eng mit der Sprache verbunden sind. »Es gibt Dinge, die kann ich nur auf Deutsch sagen«, erklärt Maria, »mit jemandem ganz direkt sein, zum Beispiel. Ich mag das, aber es funktioniert nicht auf Spanisch. Wenn ich einem Spanier meine Meinung sage, fühlt er sich angegriffen. Das würde man nicht machen. Wir reden auch nicht offen über unsere Gefühle. Ich weiß noch, wie ich am Anfang darüber gestaunt habe, dass die Deutschem einem so ehrlich antworten, wenn man sie fragt, wie es ihnen geht.«

Die Spanier, erklärt Maria, sprechen in Bildern. »Neulich sagte ein spanischer Freund zu mir: ›Thomas ist deine Rippe.‹ Komisch, nicht wahr?« Maria lacht. Er habe damit sagen wollen, Thomas sei ihre bessere Hälfte, aber wörtlich übersetzt ergebe das im Deutschen gar keinen Sinn. »Das habe ich am Anfang auch gemacht«, sagt sie. Inzwischen sei sie irgendwo zwischen beiden Kulturen gelandet: »In Spanien bin ich die Deutsche und hier die Spanierin.«

Thomas, der Spanien nur aus drei Stranduraluben kannte, bevor er Maria begegnete, hat ihr Heimatland inzwischen so sehr schätzen gelernt, dass er sich vorstellen kann, selbst in den Süden zu ziehen. Auch die Sprache saugt er auf – indem er zusammen mit seinem Sohn Mika lernt. »Maria spricht ja nur Spanisch mit den Kindern«, berichtet Thomas stolz. Auch sein Sohn aus erster Ehe profitiert davon. Jakob schnappte die fremde Sprache im Alter von neun Jahren mit Leichtigkeit auf. Ganz so einfach ist es für Thomas nicht: »Manchmal wünschte ich, Maria wäre geduldiger mit mir und würde auch mit mir Spanisch sprechen.« Aber im Alltag bleibt dafür kaum Zeit, zumal die Sprache weit von deutscher Präzision entfernt ist. »Bei uns gibt es Ausdrücke, die können zugleich Schimpfwort und Lob sein. Manche Wörter haben fünf unterschiedliche Bedeutungen«, erklärt sie. Immerhin kann Thomas Gespräche mit Marias Eltern führen und einen Streit von einer Unterhaltung unterscheiden.

Am Anfang wunderte er sich über die lautstarken Gespräche im Haus von Marias Eltern. »Es hörte sich immer so an, als würden sie sich streiten«, erinnert er sich, »wie ich später herausgefunden habe, waren das normale Dialoge.« Woran er sich nicht gewöhnen kann, ist die spanische Lautstärke: »Den Lärmpegel in spanischen Kneipen hält man als Deutscher kaum aus.« Dabei ist Thomas alles andere als zimperlich. Seine Kindheit endete früh; er war zwölf, als seine Eltern sich trennten. Als Ältester sollte er bei seinem Vater bleiben, dem die Mutter vorwarf, sich nicht genug um die Familie zu kümmern. Thomas' kleiner Bruder blieb bei der Mutter. »Das war eine harte Zeit. Mein Vater ging nach der Arbeit gleich in die Kneipe«, erinnert er sich. Er musste sehen, wie er allein zurechtkam, eckte an und landete in den 1980er-Jahren schließlich in einer Kreuzberger Fabriketage. Hier betrieb er mit Freunden einen »Hippieladen«, verkaufte Stereoanlagen und ließ sich zeitgleich zum Rundfunkfachkaufmann ausbilden. Als die Mauer fiel, zog es ihn in den Osten: »Das war alles total schräg, so jungfräulich irgendwie, keine Werbung, kein Streben nach Besitz. Ich mochte das. Keiner hatte ein Telefon. In den Treppenaufgängen hingen Notizblöcke mit Bleistiften, damit die Leute sich Nachrichten hinterlassen konnten.«

Nach dem Mauerfall lernt Thomas Kerstin kennen. Als Ostdeutsche ist sie anders sozialisiert als er; sie kommt wie Maria aus einem fremden Land. Gibt es Parallelen? »Wir haben dieselbe Sprache gesprochen«, reflektiert Thomas, »das war eine enorme Erleichterung im Vergleich zu meiner ersten Zeit mit Maria.« Trotzdem ist die Beziehung mit Kerstin nicht von Dauer. Das Wiedervereinigungskind Jakob, wie Thomas ihn nennt, bleibt ihre gemeinsame Verantwortung. »Wir haben uns gestritten, aber Jakob da herausgehalten, das war klar und hat funktioniert«, erklärt er. Jakob pendelt zwischen seinen Eltern: drei Tage hier, vier dort und in der folgenden Woche andersherum.

Auch Maria pendelt während dieser Zeit: zwischen Angst und Verzweiflung. Ihre erste Beziehung verläuft wesentlich dramatischer als die von Thomas. In Weißensee lernt sie bald nach ihrer Ankunft Anas Vater kennen und wird bald darauf schwanger. Was zunächst nach einer glücklichen Familie aussieht, endet für Maria mit großen Ängsten. Nach dem Versuch, mit ihrem deutschen Mann in Spanien Fuß zu fassen, geht die Familie zurück nach Berlin, als Ana zwei Jahre alt ist. Die Beziehung zerbricht an der übersteigerten Eifersucht ihres Mannes. Für Maria eine extrem belastende Zeit, zumal sie kaum Deutsch spricht und sich ihrem Mann ausgeliefert fühlt. Als Ausländerin fürchtet sie, schlechtere Karten zu haben als er. Zwar wird sie nie direkt von den Behörden diskriminiert, aber unterschwellig hat sie das Gefühl, dass ihr Ausländerstatus ihr Nachteile bringen könnte. Nebenbei muss sie Geld verdienen: Mit ihren spärlichen Sprachkenntnissen arbeitet sie als Verkäuferin in einem Trödelladen. Es folgen weitere, über das Arbeitsamt vermittelte Jobs als Puppenmacherin und als Mitarbeiterin eines lateinamerikanischen Vereins, bis sie von dem internationalen Kinderbuchladen hört, in dem sie inzwischen seit acht Jahren arbeitet.

Es ist Thomas, der Maria davon überzeugt, dass ihr in Deutschland dieselben Rechte zustehen wie ihrem Mann. Er verliebt sich sofort in Maria, als sie einander in Anas Kita begegnen, wo er nach einer Umschulung als Erzieher arbeitet. Er bewundert, wie sie kämpft: im Stillen, immer auf das Wohl ihrer Tochter bedacht. Schließlich schafft sie es, sich von ihrem Mann zu trennen, und legt damit den Grundstein für die deutsch-spanische Patchworkfamilie in ihrer gegenwärtigen Form.

Als Maria und Thomas ihre Haushalte zusammenlegen, sind Ana und Jakob sieben und neun Jahre alt. Jakob pendelt weiter zwischen seinem Vater und seiner Mutter, auch Ana hat wieder Kontakt zu ihrem Vater und verbringt gemeinsame Wochenenden mit ihm. In dem in verschiedene Richtungen geöffneten Umfeld wächst die Familie zusammen.

Die spanische Herkunft bleibt wichtig für Maria. Zwar sucht sie nicht aktiv den Kontakt zu Landsleuten, aber sie schickt

Ana – später auch Mika – auf eine Europaschule, in der es Spanischklassen gibt und einige Fächer auf Spanisch unterrichtet werden. Mit seinen zehn Jahren nimmt Mika seine doppelte Staatsbürgerschaft als eine Selbstverständlichkeit wahr. Aber auch er merkt, dass zwei unterschiedliche Einflüsse in sein Leben strömen. »Bin ich eigentlich spanisch oder deutsch?«, fragt Mika seine Mutter. »Beides«, antwortet sie. »Aber ich wohne doch in Deutschland, bin ich dann nicht mehr deutsch, so 80 Prozent?«, insistiert er. Maria lacht. 200 Prozent sei er: zu 100 Prozent deutsch und zu 100 spanisch. Die Antwort scheint ihm zu gefallen. In den Sommerferien fährt die Familie in Marias Heimat, nach Nordwestspanien. Auch Jakob kommt mit. Das Verhältnis zu Marias Familie ist eng. Ihre Eltern kommen häufig nach Berlin. »Meistens lernen sie hier andere Spanier kennen, das ist immer lustig«, sagt Thomas. Dass ihre Tochter Berlin zu ihrem Lebensmittelpunkt gemacht hat, ist schwer für die Eltern. »Aber das würden sie nie sagen«, weiß Maria. Sie akzeptieren ihre Wahl.

Seit der Geburt von Mika führen die Vidart-Diaz Dumdeis eine Tradition aus Marias Kindheit weiter: Weihnachten mit der ganzen Familie. So kennt sie es von früher. Ihre Mutter hat zehn, ihr Vater sechs Geschwister. »Wir haben immer zusammen gefeiert. Diese Tradition wollen wir erhalten«, sagt Maria. Dazu gehören nicht nur ihre und Thomas' Geschwister und Eltern mit neuen Partnern, sondern auch Kerstin, die Exfrau von Thomas. »Am Anfang fand ich es schon gewöhnungsbedürftig, mit seiner ehemaligen Partnerin zusammen zu feiern, aber inzwischen bin ich sehr gut mir ihr befreundet«, erklärt Maria. Zunächst sind die Runden noch überschaubar. Die Gäste kommen in der Wohnung in Prenzlauer Berg unter. Aber mit den Jahren wächst die Familie. Wie ein Baum, der Ringe schlägt, wird sie von Jahr zu Jahr größer und internationaler. Der Bruder von Thomas hat eine Dänin geheiratet, Kerstin einen Amerikaner. Die beste Freundin von Ana, eine Mazedonierin, deren Eltern kein Weihnachten feiern, ist genauso mit dabei wie die

Freundin von Jakob, die türkische Wurzeln hat. Inzwischen kommen unter dem Überbegriff Familie rund 20 Menschen zusammen, die unterschiedliche Sprachen sprechen und nur begrenzt miteinander kommunizieren können – aber gemeinsam feiern möchten.

Die Zusammenkünfte könnten an die EU-Gipfeltreffen in Brüssel erinnern, bei denen Staatschefs aus 28 Ländern anreisen, um gemeinsam an einem Tisch zu sitzen, wären da nicht ein paar feine Unterschiede: Bei den Weihnachtsgipfeln à la Gürschner-Vidart-Diaz-Dumdei-Krause verstehen sich die Teilnehmer auch ohne Übersetzer und haben ein gemeinsames Ziel vor Augen, nämlich zusammen zu feiern und sich als Teil eines großen Ganzen zu empfinden. Bei den Staats- und Regierungschefs stehen oft die nationalen Interessen im Vordergrund der Debatte – das große europäische Ganze geht dabei oft unter.

»Die Bleibe zu organisieren, ist mein Job«, sagt Thomas, »ich sitze nächtelang am Netz und suche Gruppenunterkünfte in der Umgebung von Berlin.« Wobei die Großfamilie immer woanders feiert, ob in Deutschland, Dänemark oder Spanien, je nachdem, wo alle am besten hinkommen. »Die Feiern sind total lustig«, erzählt Ana, »wenn die Großelterngeneration so tut, als würde sie sich verstehen. Das geht dann immer so: *si, si,* ja, ja, und häufig reden sie mit Händen und Füßen.« Dabei unternimmt Marias Familie immer wieder Anläufe, um Deutsch zu lernen. Ihre Eltern belegen Kurse in ihrem Heimatort Santander, aber die deutsche Familie ist es gewohnt, Spanisch zu sprechen. »Sie wirken manchmal etwas beleidigt, wenn wir nicht Deutsch mit ihnen sprechen«, sagt Ana, »aber wir haben ja immer Spanisch mit ihnen gesprochen.«

»Ich fand das total klasse, dass Marias Eltern einen Deutschkurs belegt haben«, lobt Thomas. »Ich habe meiner Mutter davon erzählt und sie gefragt, ob sie nicht Spanisch lernen will, aber sie traut es sich nicht zu.« Thomas Mutter fällt es schwer, sich an das Spanische zu gewöhnen. »Am Anfang fühlte sie sich einfach ausgeschlossen, wenn in ihrer Gegenwart Spanisch gesprochen wurde«, erklärt Thomas. »Das war das einzige Mal, wo ich mich positionieren musste«, erinnert sich Maria. »›Ich übersetze dir gerne alles‹, habe ich zu ihr gesagt, ›aber ich spreche mit meinen Kindern spanisch, weil sie sonst keine Chance haben, die Sprache zu lernen.‹« Inzwischen habe sie es akzeptiert. Dass nicht immer jedes Wort verstanden werden muss, um gemeinsam Spaß zu haben, zeigen die Weihnachtsfeiern. Vielleicht sind sie gerade deshalb so ein Erfolg? Weil ohne gemeinsame Sprache kein Streit aufkommen kann?

Marias Eltern haben die Deutschen schätzen gelernt, auch ohne ihre Sprache komplett zu verstehen – und andersherum genauso. »Meine Mutter versucht, den Spaniern die deutsche Mentalität zu erklären. Während der Wirtschaftskrise ab dem Jahr 2008 waren viele Spanier nicht gut auf Deutschland zu sprechen. Meine Mutter hat versucht, ihnen die deutsche Position zu erklären.« Das spanische Abwanderungsphänomen ist mittlerweile in verschiedenen spanischen Fernsehformaten dokumentiert, berichtet Maria. »Buscando el norte« (Vom großen Glück im Norden) heißt eine davon. Der Titel passt zu Marias eigener Geschichte, schließlich hat sie ihr Glück in Prenzlauer Berg gefunden. Allerdings war ihr Wegzug nicht durch wirtschaftliche Not motiviert. »Meine Mutter ist überzeugt, dass die meisten Auswanderer nach Spanien zurückkommen, aber ich bin mir nicht so sicher. Ich glaube, dass junge Leute heutzutage eine viel höhere Mobilitätsbereitschaft haben und auch mal woanders leben wollen.«

Maria selbst wird irgendwann zurückgehen nach Spanien. Nicht, weil sie ihr Land so sehr vermisst. Im Gegenteil, in Prenzlauer Berg fühlt sie sich heimatlich verankert. Aber ihr jüngerer Bruder ist geistig behindert und auf Hilfe angewiesen. »Er lebt bei meinen Eltern, aber wenn sie sich nicht mehr um ihn kümmern können, werde ich das tun«, sagt sie. »Umsiedeln kann man ihn nicht.« Für die Familie da zu sein, sei etwas sehr Spanisches, erklärt Thomas an anderer Stelle: »Man steht immer zu ihr und ist immer für sie da.« Für ihn, der als Zwölfjähriger auf sich selbst gestellt war, ist es vielleicht eine schöne Vorstellung, auch wenn er selbst es nicht so sagt. Es liegt nahe, dass er Gefallen daran findet, wie Maria sich für ihre Familie engagiert, erst für die Tochter, die sie zu verlieren fürchtete und um die sie kämpfte, und später einmal für den behinderten Bruder, wenn er sie brauchen wird.

Dieser starke Familienzusammenhalt hat eine Magnetfunktion. Das zeigen die Weihnachtsfeiern. Wer einmal dabei war, will auch im nächsten Jahr mit von der Partie sein, so wie die mazedonische Freundin von Ana und die türkische Freundin von Jakob. Vielleicht ist die deutsch-spanische Kombination das ganze Geheimnis? Eine Mischung aus guter Organisation und menschlicher Wärme, spanischem Temperament und deutscher Zurückhaltung? Ein Ort, an dem jeder sein kann, wer er ist.

Weil sie deutsche und spanische Traditionen mischen, erwartet die Vidart-Diaz Dumdeis jeweils im Januar eine zweite Bescherung in kleinerem Kreise. In Spanien bringt nicht der Weihnachtsmann die Geschenke, sondern die Heiligen Drei Könige in der Nacht zum 6. Januar. Während die Großfamilie am 24. Dezember zusammenkommt, sind sie am 6. Januar unter sich. »Für die Kinder ist das toll. Sie haben die Traditionen nie hinterfragt, vermutlich aus eigenem Interesse«, lacht Maria. Auch andere Feierrituale importierte sie nach Berlin: »Zu Silvester essen wir um Mitternacht zwölf Weintrauben. Sie sollen einem Glück bringen für das nächste Jahr«, erklärt Maria, »ganz Spanien verfolgt den Glockenschlag an einer Kirche in Madrid und verspeist mit jedem Schlag eine Traube.« Die einzige Tradition, die sie gern in Spanien zurücklässt, ist die Osterzeit. Dass sie Ostern auf deutsche Art feiern kann, ist für sie eine große Erleichterung: »In Spanien ist das eine ganz traurige Zeit, weil Jesus gestorben ist. Es finden überall Trauermärsche statt. Ich fand das ganz schlimm als Kind«, erinnert sie sich.

Maria und Thomas, so viel steht fest, haben sich ihre Welt gezimmert wie so viele andere binationale, aber auch herkömmliche Familien. Sie bedienen sich verschiedener Traditionen, nehmen mit, was zu ihnen passt, solange es im Sinne der Kinder und der Familie ist. Trotzdem sind beide Eltern verwurzelt in ihrer Herkunft. »Ich bin Spanierin, das ist mir klar. Ich habe einen spanischen Pass und ich bin stolz darauf. Meinen Pass würde ich nicht gerne hergeben«, sagt Maria. Aber wie ist es für Ana, ihre Tochter?

»Meine Identität hängt mit meinen Eltern zusammen«, erklärt sie. »Meine Mutter ist Spanierin und mein Vater Deutscher. Ich würde das immer so sagen, weil ich sonst das Gefühl hätte, einem von beiden nicht gerecht zu werden.« Ana leidet darunter, dass ihr Vater keinen guten Ruf in der Familie hat. Maria spricht noch heute nicht mit ihm – für Ana ein Balanceakt. Dass sie ihn meistert und es schafft, souverän mit der Situation umzugehen und sowohl zu ihrem Vater als auch zu ihrer Mutter zu stehen, liegt vielleicht an dem offenen Umfeld, in dem sie aufwächst und das andere Meinungen zulässt. Auch ihre unmittelbare Umgebung kommt ihr entgegen. Patchworkfamilien sind in Berlin keine Seltenheit, und ihr internationaler Hintergrund ist für sie nichts Besonderes: »In meiner Klasse waren zum Beispiel eine palästinensische Bulgarin, eine Mexikanerin und viele andere Nationalitäten«, berichtet sie. Ana ist deutsche Spanierin und weiß das zu schätzen. Genauso wie sie sich dem irischen Zweig der Familie nahe fühlt. Einige Jahre vor ihrer Geburt wanderte ihr Vater mit einer Deutschen nach Irland aus und gründete dort eine Familie. Zwei Halbgeschwister hat Ana aus dieser Beziehung, die deutsch sind, aber kaum Deutsch sprechen. Die erste Partnerin ihres Vaters blieb mit den beiden Kindern in Irland.

Als Ana nach ihrem Abitur nicht sicher ist, was sie machen soll, verbringt sie Zeit mit ihrer Halbschwester in Irland. Es ist eine Art Mikrokosmos im Makrokosmos, denn bei diesen Begegnungen ist sie die einzige Repräsentantin der deutsch-spanischen Familie. Letztlich hat jedes Mitglied der Großfamilie, wie Ana, seine eigenen Bezugspunkte – da ist es nur passend, dass jeder einen eigenen Nachnamen hat. Ana nennt sich Gürschner-Vidart. Es ist ein spanisches Ritual, den Kindern einen Doppelnamen zu geben, der aus jeweils dem ersten Namen des Vaters und dem ersten Namen der Mutter zusammengesetzt ist. Jakob heißt Krause, wie seine Mutter, bevor sie den Namen ihres amerikanischen Mannes annahm. Thomas mag seinen Nachnamen Dumdei nicht und will ihn keinem seiner Kinder zumuten. Nur Maria und Mika tragen – nach deutschem Namensrecht – denselben Namen: Vidart-Diaz.

Vielleicht ist es bezeichnend, dass sowohl Ana als auch Jakob kreative Berufe erlernen. Jakob will Architekt werden und irgendwann Welten in Form von Gebäuden entwerfen. Dafür braucht er einen guten Blick: für das große Ganze, aber auch für jedes kleine Detail. Letztlich geht es bei dem Architektenjob darum, eine Balance herzustellen zwischen dem Gebäudezweck, den Ansprüchen seiner Nutzer und dem unmittelbaren Umfeld. Als Connaisseur der Patchwork-Pasta und kleines Glied einer großen Familie dürfte ihm das nicht schwerfallen. Ana studiert Restaurierung und wird sich bei ihrer zukünftigen Arbeit auf die Instandsetzung des Alten konzentrieren und sich darum bemühen, Vergangenes zu erhalten und zu neuem Leben zu erwecken. Auch hier gibt es die Parallele zu ihrem Leben: indem sie ihr altes Leben mit ihrem Vater und ihr neues mit Maria, Thomas, Mika und Jakob in ganz eigener Form vereint.

*Als ich mich von der spanisch-deutschen Familie verabschiede, frage ich – im Scherz –, ob sie zu Weihnachten noch vier internationale Plätzchen zum Mitfeiern haben. Maria und Thomas schauen sich verdutzt an, lachen, und dann sagt Thomas: »Wir sind für alles offen.« Integration kann so einfach sein, denke ich, wenn man es macht wie die Gürschner-Vidart-Diaz-Dumdei-Krauses. Vielleicht sollte man die EU-Regierungschefs zu ihnen einladen, 28 mehr oder weniger, darauf kommt es nicht an. Hier könnten sie lernen, was es heißt, Teil eines großen Ganzen zu sein und das Wohl der Gemeinschaft übergeordnet zu betrachten.*

# Angekommen im Anderssein
## Die deutsch-polnische Familie Muther, Warschau, Polen

*Warschau, Polen, November 2016: Was viele Deutsche über die Polen denken, formulieren sie in Witzen: »Wie werben polnische Reisebüros um deutsche Touristen? Entdecken Sie unser Land. Ihr Auto ist bereits hier.« Den Deutschen geht es in Polen nicht besser. Mancherorts haftet ihnen noch immer das Image des brutalen Nazi-Schergen an. Wer sich den Angehörigen der Nachbarnation trotz der Vorurteile öffnet, wird nicht enttäuscht, wie das Beispiel der Familie Muther zeigt. Der Deutsche Olaf Muther, Management-Trainer und Business-Coach, 52, der – mit einer kurzen Unterbrechung – seit 1994 in Polen lebt, trifft in Warschau auf die Liebe seines Lebens: Izabela Muther, Producerin und Modeberaterin. Die 47-jährige Polin kann sich vieles vorstellen in ihrer Jugend, nur nicht, deutsche Verwandte zu haben. Dann kommt es doch so. In der polnischen Hauptstadt empfängt mich die Familie in ihrer schönen Wohnung im sechsten Stock eines gepflegten Wohnturms mit Blick auf einen Park. Hier habe ich die Gelegenheit, mit Olaf, Iza und ihren Töchtern Aleksandra, 17, Wiktoria, 13, und Helena, 7, über ihr deutsch-polnisches Leben zu sprechen. Ein immer wiederkehrendes Thema während unseres Gesprächs sind die Vorurteile, mit denen die Familie sowohl von deutscher als auch von polnischer Seite konfrontiert wird. Auch ich verfalle in ein solches Denkmuster, als ich am Berliner Hauptbahnhof in den Zug nach Warschau steige. Er erinnert mich an die Transportmittel meiner Kindheit in den 1970er-Jahren und wirkt in dem hochmodernen Glaspalast der Deutschen Bahn fehlplatziert. Ist im Osten alles alt? Auch die Muthers hinterfragen vorgefertigte Meinungen. Die meisten enttarnen sie als inhaltslos. Übrigens: Der Oldtimer-Zug war pünktlich und hatte auffallend bequeme Sitze.*

*Oben: die Töchter Aleksandra (links), Helena (dahinter) und Wiktoria, unten: Izabela und Olaf Muther*

Als Olaf Muther zum Antrittsbesuch bei seiner zukünftigen Schwiegermutter vor einem Teller Kuttelsuppe saß, mag er sich gefragt haben, warum er sich nicht lieber in eine Italienerin oder Französin verliebt hat. Aber der Möllner überwand sein Befremden und verspeiste das polnische Nationalgericht *Flaki* an diesem Tag sogar noch ein zweites Mal, als seine Freundin Izabela ihn abends mit zu ihrer Tante nahm. Nichts beschreibt Olafs Hingabe zu seiner Frau besser als der widerstandslose Verzehr der Rinderinnereien, der bei Olaf noch heute, mehr als 20 Jahre später, ein flaues Gefühl in der Magengegend auslöst. Olaf vergöttert seine Iza und nunmehr auch die drei Töchter Aleksandra, Wiktoria und Helena, die aus dieser Beziehung hervorgegangen sind. Ohne diese Liebe und die enorme Anziehungskraft, die auf beiden Seiten wirkt, wäre diese deutsch-polnische Familiengeschichte nie zustande gekommen. Allerdings trägt auch die Zeit dazu bei. Wären Olaf und Iza ein paar Jahre früher geboren, gäbe es die Familie Muther in Warschau nicht.

Es ist Freitagabend, und die fünf Muthers zur selben Zeit an einen Tisch zu bekommen, entpuppt sich als unmögliches Unterfangen. Trotzdem ist die ganze Familie in ihrer Wohnung in Warschau omnipräsent. An den Wänden hängen Fotos, auch auf dem Esstisch und auf der Fensterbank stehen Bilder aus verschiedenen Lebensphasen. Überall mischen sich strahlende Kindergesichter mit stolzen Elternblicken. Eine ganz normale Familie, könnte man meinen, wenn man die Aufnahmen betrachtet. Aber was heißt schon normal? Vergleicht man die Muthers mit anderen Familien, fallen als Erstes die Sprachen auf. Olaf und Iza verständigen sich auf Englisch und jeweils in ihrer Muttersprache mit den Kindern. Die Kinder sprechen untereinander polnisch und greifen dabei gern auf Begriffe der anderen Sprachen zurück, wenn ihnen ein polnisches Wort fehlt oder ein anderes das Gemeinte besser trifft. »Ich spreche drei Sprachen, aber keine richtig«, lacht Aleks, die Älteste, die als einzige der drei Muther-Mädchen auf die deutsche Schule geht. Dabei spricht sie perfektes Deutsch, will damit aber zum

Ausdruck bringen, dass sie ihre Sprachen auf unterschiedliche Art nutzt und vielleicht in jeder eine gewisse Begrenzung sieht. Deshalb bedient sie sich am liebsten aller drei.

Olaf ist es wichtig, Deutsch mit seinen Kindern zu sprechen, weil es – vor allem für die beiden Jüngeren, die auf eine polnische Schule gehen – der Garant für die Weitergabe seiner Muttersprache ist. »Wenn mir früher jemand gesagt hätte, dass meine Kinder mal Nachhilfe in Deutsch bekämen, hätte ich ihn für verrückt erklärt.« Zweimal die Woche kommt ein deutscher Muttersprachler zu den Muthers nach Hause, um mit Wiki und Helena deutsch zu sprechen. Olafs Polnisch wiederum reicht fürs Alltägliche, aber für mehr nicht. »Das ist schon kurz vor peinlich«, gibt er zu, »für jemanden, der so lange im Land lebt.« Aber für seinen Job ist er vor allem auf Englisch unterwegs und so ergeben sich kaum Möglichkeiten für ihn, die Sprache seiner Wahlheimat anzuwenden. Dass Olaf und Iza auf Englisch kommunizieren, ist beiden recht: »Sprachlich hat keiner von uns einen Vorteil.«

Dass die deutsch-polnische Ehekonstellation nicht ganz so typisch ist wie andere, stellen die Muthers im Verlauf ihrer Beziehung immer wieder fest. Anders als bei herkömmlichen Familien stellen sich den Muthers immer wieder Vorurteile in den gemeinsamen Weg. Die Zweifel an der Echtheit ihrer Ehe, die in Berliner Behörden durchklingt, als Olaf und Iza für kurze Zeit nach Deutschland ziehen, stellen dabei noch die geringste Hürde dar. Dass Olaf sich zunächst von Westen nach Osten aufmacht, um in Polen zu arbeiten und schließlich auch Wurzeln zu schlagen, ist seiner Familie und Freunden schon schwerer zu vermitteln. In der Regel zieht es die Menschen aus Arbeitsgründen von Ost nach West. Aus Angst vor einer zu hohen Belastung seines Arbeitsmarkts hat Deutschland sich nach dem EU-Beitritt der osteuropäischen Staaten im Jahr 2004 sogar eine Übergangsfrist erbeten, die den Zugang regelte. Aber dass Deutsche wegen des Jobs nach Polen ziehen? Noch während der 1980er-Jahre, als Olaf sein Abitur in Mölln absolviert, ist undenkbar, was wenige Jahre später passiert: Er geht für einen Marketingjob nach Warschau. Seine Eltern lassen ihn nur ungern ziehen. »Sollen wir dir Lebensmittel schicken?«, fragen sie besorgt, als er 1994 in Richtung Warschau aufbricht. Der neue Wohnort ihres Sohnes ist für sie unbekannt. Dass in Warschau zu dieser Zeit der Westen längst angekommen ist, wissen nur die, die es selbst vor Ort erleben. Das Bild des mangelhaft ausgestatteten Ostens hält sich bei den Eltern, wie bei vielen anderen Deutschen.

Als Olaf 1965 geboren wurde, stand die innerdeutsche Mauer seit vier Jahren. Die Gesellschaft, in der er aufwuchs, orientierte sich in Richtung Westen. Von hier kamen die Musik- und Modetrends, die Olafs Jugend bestimmten. Als Zehntklässler verbrachte der Lehrersohn ein Jahr in Ohio – seine erste Auslandserfahrung. Der Osten blieb ihm damals verschlossen. Aus Sicht des Westdeutschen endete die Welt an der deutsch-deutschen Grenze und fing irgendwo in Asien wieder an. Polen? Das war Niemandsland. Ein Satellitenstaat im Reich der Sowjets. Dieses Bild hält sich auch nach dem Fall der Mauer.

Iza wuchs mit dem Glauben auf, Deutsche seien schlechte Menschen. Sie kannte persönlich keine, aber war sich wie viele ihrer Landsleute sicher: Die möchte ich nicht in meiner Verwandtschaft haben – bis sie Olaf trifft. Izas Freunde sind überrascht, dass sie einen Deutschen heiraten will, wo es doch so viele nette polnische Männer gibt. Tatsächlich lernt Iza mit Olaf einen Typ Mann kennen, dem sie in Polen noch nicht begegnet ist. »Zu der Zeit war es so, dass die polnischen Männer meistens von den Frauen erwarteten, dass sie arbeiten, kochen, putzen, sich um die Kinder kümmern und dabei noch toll aussehen. Die Deutschen sind liberaler«, sagt sie und erzählt lachend, wie hingebungsvoll Olaf sich der Reinigung der Kaffeemaschine widmet.

Auch in Izas Familie herrscht die typische polnische Rollenverteilung vor. Sie ist zusammen mit zwei jüngeren Brüdern in dem kleinen Ort Wyszków aufgewachsen, etwas außerhalb von Warschau, wo ihre Mutter einen Friseursalon führte. Schon früh geht sie eigene Wege, was in ihrem Kleidungsstil zum Ausdruck kommt. Mit zehn Jahren kann sie ihre eigene Kleidung nähen und kreiert ihre eigene Mode. Sogar Schuhe stellt sie selber her. Mit 14 drängt es sie in die Hauptstadt, weil es dort eine weiterführende Schule mit dem Schwerpunkt Mode und Textil gibt, die sie besuchen möchte. Obwohl sie ihre Familie und ihren Ort vermisst, ist sie stolz darauf, ihre eigenen Ziele zu verfolgen. Die Zeit als Schülerin allein in der fremden Großstadt macht sie noch selbstständiger und unabhängiger – es sind Eigenschaften, die ihr bald zugutekommen sollen. Denn der große Umbruch in Polen und Osteuropa insgesamt steht bevor. Er katapultiert eine ganze Generation in eine komplett neue Situation: Mit dem Zusammenbruch der Sowjetunion ist nichts mehr so, wie es einmal war.

»Es waren verrückte Zeiten«, erinnert sich Iza. »Jeder musste sehen, wo er am besten unterkam.« Inmitten des Wandels beschließt sie aufgrund mangelnder Alternativen, im Westen Geld zu verdienen. Sie ist noch keine 20 Jahre alt, als sie sich in die Menschenschlange reiht, die sich vor der deutschen Botschaft in Warschau bildet. Zwei Tage und eine Nacht wartet sie auf ein Reisevisum für die BRD. Als sie es schließlich hat, trampt sie mit ihrem Freund quer durch die Bundesrepublik bis in die Niederlande, wo es Gerüchten zufolge Arbeit für Polen gibt. Zwei Jahre rackert Iza bei mitunter extremen Witterungsverhältnissen auf holländischen Blumenfeldern und schneidet Stiele, während Olaf in geordneten Hamburger Verhältnissen an seiner Karriere feilt.

Olafs Welt ist die Umkehrung von Izas: sicher, konstant und weit davon entfernt, sich neu erfinden zu müssen. Zielstrebig, fleißig und verantwortungsbewusst geht Olaf seinen Weg. Er lässt sich nach der Schule bei der Bundeswehr zum Reserveoffizier ausbilden und studiert im Anschluss in Rekordzeit. Schon als Student arbeitet er beim Zigarettengiganten Reemtsma, der ihm noch vor Ende seines Studiums ein Vertragsangebot unterbreitet. »Olaf ist so sicher und standhaft«, sagt Iza an anderer Stelle, »er geht auch im Chaos unbeirrt seinen Weg, rational und geradeaus.«

Die Mauer ist bereits gefallen, westliche Großkonzerne wittern ihre Chancen auf den neuen Märkten im ehemaligen Niemandsland. Olaf möchte ins Ausland, um auf der Reemtsma-Karriereleiter aufzusteigen. Ungarn, denkt er, da wird bald eine Stelle frei. Stattdessen sagt sein Chef: Warschau! Wie wär's mit Warschau? Zur polnischen Hauptstadt fällt dem aufstrebenden Produktmanager nichts ein. »Das würde ich mir gerne angucken«, erwidert er und erbittet sich Bedenkzeit. Es ist Sommer, die Sonne strahlt, und die Warschauer verlagern das Leben nach draußen. Olaf ist überwältigt von der Weite der Stadt: »Dieser enorme Platz, den es hier gibt, der hat mich beeindruckt. Diese großen, breiten Straßen haben mir ein Gefühl von Freiheit vermittelt. Dazu die Aufbruchsstimmung, die überall zu spüren war – es war toll.« Den Job in Polen sagt er zu und wenige Wochen später kehrt er der Hansestadt Hamburg den Rücken und zieht Richtung Osten.

Vielleicht ist es das Jahr in den USA, das Olaf offen werden lässt für die Welt. Tausende Kilometer von der Heimat entfernt, merkt er als Elftklässler, dass ihm alle Himmelsrichtungen offenstehen. Die Welt ist voller Möglichkeiten, die darauf warten, entdeckt zu werden. In Ohio lernt er amerikanischen Patriotismus kennen und versteht, dass viele Amerikaner nicht wissen, wo Deutschland liegt, ob die Menschen dort in Iglus oder Häusern leben. Vielleicht stattet ihn auch sein früher Erfolg im Studium und im Beruf mit einem Selbstbewusstsein aus, das nicht so leicht zu erschüttern ist. Ebenfalls möglich ist, dass es sich bei Olaf um einen grundoptimistischen Menschen handelt, der in jeder Situation das halb volle, nicht das halb leere Glas sieht. Fest steht jedenfalls, dass er keine Vorbehalte gegenüber Polen hat und voller Tatendrang nach Warschau geht.

Auch Iza ist zurück in Polen. Dass sie über eine enorme Ausdauer verfügt und harte Arbeit nicht scheut, hat sie in den Niederlanden unter Beweis gestellt. In Warschau wird sie vom Ehrgeiz gepackt. Sie will in die Privatwirtschaft einsteigen und nimmt noch einmal ein Studium auf, um sich für Jobs in Großunternehmen zu qualifizieren. Abends und nachts putzt sie, um Geld zu verdienen, tagsüber studiert sie. So landet sie schließlich im Marketingbereich einer internationalen Firma und schwärmt Jahre später von den rosigen Zeiten: »Wir hatten ein riesiges Werbebudget. Es war fantastisch. Wir konnten sehr kreativ sein und tolle Kampagnen fahren.«

Der Job im Marketing beflügelt Izas kreative Seite. Aber noch ist die Zeit ihrer beruflichen Selbstverwirklichung nicht gekommen. Sie genießt die Aufbruchsstimmung und die Arbeit in Großkonzernen. Als ihr damaliger Freund sie auf eine Position bei Reemtsma aufmerksam macht, ist sie allerdings skeptisch. Ein deutsches Unternehmen?, denkt Iza und hat große Bedenken. Andererseits: Sie ist quer durch Deutschland getrampt, war Feldarbeiterin in Holland, Putzfrau und Studentin – was kann ein deutsches Unternehmen ihr noch anhaben? Iza weiß, dass sie extreme Situationen meistern kann, und ist offen genug, ihre Vorurteile gegenüber Deutschen zu revidieren.

Das Unerwartete tritt ein. Der Moment des Kennenlernens ist gekommen. Olaf erinnert sich: »Ich hatte keinen Nerv auf dieses Vorstellungsgespräch. Am Tag davor wurden mir zwei Damen präsentiert, die gar nicht passten. Nicht noch so eine, dachte ich, bloß nicht.« Am liebsten hätte er das Bewerbungsgespräch abgeblasen. Er führt es trotzdem. Doofe Nuss, denkt er, bevor die Tür aufgeht. Aber dann kommt alles anders. »Es war sofort klar«, erzählt Olaf. Es traf sich gut, dass ihre professionellen Kompetenzen dem Profil entsprachen. Iza wundert sich nur ein bisschen, dass sie gleich am nächsten Tag den positiven Bescheid erhält, obwohl man ihr vorher gesagt hat, sie würde etwa in zwei Wochen von dem Unternehmen hören.

Auch Iza ist sofort von Olaf beeindruckt. Aber ihr Misstrauen bleibt: ein Deutscher? »Unser erstes Gesprächsthema, bei unserem ersten Abendessen, war der Krieg«, weiß Iza noch genau, »aber das Thema war schnell vom Tisch. Olaf sagte zu mir: ›Ich war nicht dabei.‹ Das war das.«

Schnell sind sie ineinander verliebt, doch lange dauert es, bis sie ihre Beziehung öffentlich machen. Zwei Jahre genau. Sie wollen in der Firma nicht als Paar auftreten, aber vielleicht brauchen sie die Zeit auch, um sich selbst und ihr familiäres Umfeld aneinander zu gewöhnen. Die Eltern reagieren verhalten. »Olafs Eltern waren zuerst etwas zurückhaltend«, glaubt Iza. »Sie hatten Bedenken, ihren Sohn an ein fremdes Land zu verlieren«, ist Olafs Lesart. Auch wenn Warschau nicht weiter von Mölln entfernt ist als München, für seine Eltern waren es Welten.

Izas Mutter reagiert entspannter. Nicht Olafs Nationalität interessiert sie, sondern wie er zur Familie passt. »Meine Mutter hat gleich gesehen, dass Olaf nicht so offen, sondern sehr zurückhaltend ist. Der Freund, den ich vorher hatte, war das ganze Gegenteil«, sagt Iza. Es gibt eine Menge Besuche bei den Eltern und den zahlreichen Verwandten von Iza, auch wenn Olaf und Iza zunächst mit ihrer eigenen Familie und ihren Jobs beschäftigt sind. Im Jahr 2000 verlässt Olaf nach zehn Jahren die Firma Reemtsma und macht sich als Management-Trainer selbstständig. Die meiste Zeit ist er in Deutschland unterwegs und so zieht die junge Familie mit der damals einjährigen Aleks nach Berlin. Noch ist Polen nicht in der EU. Ohne es direkt zu sagen, lassen die Berliner Beamten durchklingen, dass sie eine Scheinehe vermuten, als Olaf und Iza sich in Schöneberg registrieren, merken aber bald, dass es sich hier nicht um einen Deal, sondern eine echte Beziehung handelt. Zum ersten Mal in ihrem Leben gerät Iza in eine passive Rolle. Beruflich kann sie, die tags und nachts arbeitet, wenn es sein muss, nicht Fuß fassen. Sie vermisst Warschau. Polen. Über den Kindergarten lernt sie nette Deutsche kennen, aber freundlich gemeinte Bemerkungen wie »Ach, du bist Polin? Du siehst gar nicht polnisch aus«, lassen sie daran zweifeln, dass sie jemals richtig dazugehören wird. Soll das jetzt ein Kompliment sein, nicht polnisch auszusehen?, fragt sie sich.

Als Wiktoria 2003 in Berlin zur Welt kommt, hat Iza eine Entscheidung getroffen: Sie will zurück nach Warschau. »Olaf war sowieso die meiste Zeit unterwegs«, erzählt sie, »ich habe mich gefragt: Was machst du hier in Berlin, im Olaf-Land, wenn er eh nie da ist?« Dagegen konnte auch Olaf nichts sagen. Abgesehen davon mag er Warschau. »Ich bin da zu Hause, wo meine Mädels sind«, sagt er an anderer Stelle. Ob in Polen oder Deutschland, spielt bei ihm keine Rolle.

Seit vielen Jahren sind die Muthers nun in der Wohnung hoch über Warschau zu Hause. Hier haben sie sich ihre Welt geschaffen, hier können sie drei Sprachen vermischen, polnisch oder nicht polnisch aussehen und sein, wer sie sind. »Schaut her! Es gibt uns wirklich. Das sind wir«, scheinen die Familienporträts an den Wänden zu sagen. Doch die Vielfalt im heimischen Refugium, das – Zufall oder nicht – nur mit Pincode am Eingang des Wohnturms zugänglich ist, wird im Alltag der Muthers auf manche Probe gestellt. Was sich sechs Stockwerke über dem Straßengeschehen wie eine ganz normale Familie anfühlt, die international und in drei Sprachen unterwegs ist, ist nach außen hin alles andere als das. Nicht alle Polen legen die Offenheit an den Tag, die bei den Muthers selbstverständlich ist.

Aleks, die Älteste, bekommt das besonders zu spüren, als sie im Alter von neun Jahren von der deutschen Schule in Warschau auf die reguläre polnische Grundschule am Ende der Straße wechselt. »Die polnischen Kinder haben mich gemobbt«, berichtet sie. Anstatt den Neuankömmling zu unterstützen, verspotten sie Aleks. Einen ausländischen Elternteil hat hier sonst niemand. Sprüche wie »Gehst du am Wochenende mit Hitler Kaffee trinken?« sind keine Seltenheit. Es gibt einen Geschichtslehrer an der Schule, der aufgrund der polnisch-deutschen Geschichte nicht gut auf Deutsche zu sprechen zu sein scheint. Vor diesem Hintergrund verwechseln manche Mitschüler Aleks als Halbdeutsche mit dem Feind von einst. Aleks ist oft lange krank. Anstatt sich ihren Eltern mitzuteilen, versucht sie ihre Probleme allein zu lösen.

Es dauert zwei Jahre, bis Aleks ihre Eltern einweiht. Als sie es schließlich tut, nimmt Olaf all sein Polnisch zusammen, fährt in die Schule und bittet den Lehrer um ein klärendes Gespräch. »Der Lehrer war vollkommen verdutzt«, erinnert sich Aleks. »Ich glaube, er hat vorher noch nie einen Deutschen gesehen. Dazu noch einen, der ganz normal aussieht und Polnisch spricht.« Seine Intervention scheint zu helfen. Aleks stellt eine Verhaltensänderung fest, sein Unterrichtsstil wird neutraler. Die Muthers nehmen ihre Tochter nach Ende des Schuljahres trotzdem aus dem polnischen Schulsystem, weil nach Ende der Grundschulzeit ein Wechsel ansteht. Aleks geht zurück auf die deutsche Schule. »Ich bin stärker geworden dadurch«, reflektiert sie im Nachhinein, »besser vorbereitet für die Welt.« Nicht nur Aleks, die ganze Familie hat aus dieser Geschichte gelernt: Vorurteile verschwinden erst, wenn man diejenigen, die sie äußern, damit konfrontiert. Für die Muthers steht fest: Jeder hat ein Recht darauf, so zu sein, wie er ist.

Vielleicht ist es diese Erkenntnis, die Iza zu ihrem beruflichen Durchbruch verhilft. Sie ist 40 Jahre alt, als sie sich entschließt, neu durchzustarten. Sie besinnt sich auf den Wunsch, den sie als junges Mädchen hatte: Mode zu ihrem Beruf zu machen. Zunächst etabliert sie sich als Modeberaterin und entdeckt schnell eine Marktlücke: »Die Mode für Frauen ist größtenteils auf Models mit Wespentaille zugeschnitten. Nicht auf die wirklichen Figuren und Größen.« Warum sollten Frauen einer bestimmten Idealvorstellung entsprechen müssen? Iza fängt an, Kleider zu entwerfen, erst für sich selbst und später für Kunden. Inzwischen importiert sie ihre Ware. Das Geschäft läuft gut. So wie es für jedes Paar und jede Familie, egal welcher Nationalität, einen Platz in der Gesellschaft gibt, so findet Iza für jede Frau den richtigen Stil, in dem sie sich selbstbewusst präsentieren kann. »Ich weiß, was für jede Frau die passende Kleiderform ist. So, dass sie sich wohlfühlt, gut aussieht und professionell auftreten kann«, sagt Iza über ihre Designs und könnte damit aber auch ihr eigenes Leben meinen.

Während Izas Energien in die neue Firma fließen, beginnt auch Wikis Höhenflug. Die mittlere Muther-Tochter entscheidet sich mit zwölf Jahren gegen die deutsche und für die polnische Schule, weil sie hier in eine Volleyballklasse kann, die auf hohem Niveau trainiert. Eines Tages für Polen zu spielen, das ist ihr Ziel. Nach 20 Jahren gemeinsamen Lebens ist die Familie Muther richtig angekommen. In den richtigen Schulen, ihren beruflichen Rollen, als deutsch-polnische Familie in Warschau. In der EU. Aber für Aleks, die Älteste, ist diese Welt zu klein. Sie, die ihre Konflikte an der polnischen Grundschule auf bewundernswerte Art in Selbstbewusstsein und Toleranz verwandelt hat, zieht es nach der Schule in die USA, wo es Orte gibt, an denen auffällt, wer *nicht* anders ist, weil hier jeder unterschiedliche Migrationshintergründe in seiner Biografie vereint und es den Otto-Normal-Amerikaner nicht gibt. Welch ein Verlust für Europa.

*Als ich in der S-Bahn sitze, um zum Warschauer Hauptbahnhof zu fahren, fällt mir auf, wie sauber alles ist. Ob es der polnische Stolz ist, der sich auf öffentliche Räume überträgt? Ein Kontrolleur will meine Fahrkarte sehen und schaltet sofort auf Englisch um, als er merkt, dass ich kein Polnisch spreche. Eine Selbstverständlichkeit, könnte man meinen, aber trotzdem ertappe ich mich dabei, überrascht zu sein. Denn das Bild des wilden, nichtwestlichen Ostens, irgendwie sitzt es tief. Zeit, mit den Vorurteilen aufzuräumen.*

# Perfekt gibt es nicht, und wenn, dann nur für kurze Zeit
## Die deutsch-italienische Familie Lorenz Marchi, Verona, Italien

*Verona, Italien, November 2016: Ein Traum von einer Stadt: Breite, marmorne Fußwege führen durch das mittelalterliche Stadttor in die Altstadt, die im späten November bei milden Temperaturen einen extrem einladenden Eindruck macht. Farblich dominieren Fassaden in sanften Pastelltönen. Ein paar Touristen drängen sich um die Arena, eines der kulturellen Highlights aus dem Jahre 30 nach Christus, ansonsten sind nur Schulklassen unterwegs. Die Wohnung der deutschen Juristin Katharina Lorenz, 39, ihres italienischen Ehemanns Marco Marchi, 43, Ingenieur, und ihrer Kinder Luca-Johannes, 6, und Emilie, 3, liegt am Ufer der Etsch, jenseits des Stadtzentrums. Eine backsteinerne Fußgängerbrücke mit Wachturm aus längst vergangenen Zeiten führt über den Fluss in ein grünes Viertel mit modernen Wohnhäusern. Katharina lacht, als ich zur verabredeten Zeit den Klingelknopf über dem polierten Namensschild drücke. »Wusste ich es doch«, jubelt sie, »auf die deutsche Pünktlichkeit ist Verlass.« Von einem Fenster der Wohnung aus sieht man sanfte Hügel am Horizont und auch die alte Brücke mit dem Wachturm, der einst Teil der Stadtmauer war, die sich nur für diejenigen mit den richtigen Papieren öffnete. Das Bild berührt im Kontext dieser Liebesgeschichte, weil es auch hier indirekt um Grenzen und Mauern geht. Vor beinahe 30 Jahren war Katharina Staatsbürgerin der DDR und lebte hinter jener Mauer, die ein Italiener kaum überquert hätte. Andersherum wäre sie wohl nie nach Italien gekommen.*

Der Moment, in dem Katharina Lorenz und Marco Marchi gemeinsam seine Matratze aus dem Haus seiner Mutter in Padua über die Straße in die leerstehende Wohnung seiner Schwester

*Katharina Lorenz und Marco Marchi mit Emilie und Luca-Johannes*

trugen, sagt viel über italienische und deutsche Mentalitäten und die Dynamik der Beziehung von Katharina und Marco aus. Er zeigt den italienischen Hang zum Zu-Hause-wohnen-Bleiben und den deutschen Drang zum Früh-von-zu-Hause-wegziehen-und-selbstständig-Werden. Deutlich werden darüber hinaus Katharinas Entschlossenheit in entscheidenden Lebensfragen und Marcos Loyalität gegenüber seinem »Schatzi«. »Ich bin eine Ausnahme in Italien, mit 29 aus dem Haus, so früh macht das sonst keiner«, sagt Marco und grinst. Seine Mutter sei fix und fertig gewesen, als ihr einziger Sohn mit der Matratze und dem deutschen Mädchen aus ihrem Haus verschwand. Dass hier unterschiedliche, aber sich ergänzende Kräfte wirken, wird schnell klar. »Da sind zwei Welten aufeinandergestoßen«, formuliert es Katharina mehr als zehn Jahre später, »ich mit meiner freizügigen DDR-FKK-Mentalität und er mit seinem erzkonservativen katholischen Hintergrund.« Sie lacht.

Wenige Jahre später ist aus dem verliebten Pärchen eine Familie mit zwei Kindern geworden; aus dem gemeinsamen Matratzenlager mit Campingtisch in Padua eine wunderschöne Wohnung in Verona mit Blick auf die mittelalterliche Stadt. Als wäre es das Selbstverständlichste auf der Welt. Ist es das? Die Liebe zwischen der Ostfrau und dem Norditaliener? Tatsächlich gibt es gemeinsame Erfahrungen. Katharina wächst in der DDR auf, die sich ab 1989 auflöst und schließlich von der Landkarte verschwindet. Marco verbringt einen Teil seiner Kindheit im von der Mafia beherrschten Sizilien, das im Rest des Landes verschrien ist. Katharinas Land bricht zusammen, als sie zwölf ist. Marcos Eltern fliehen vor der Korruption in Sizilien ins norditalienische Padua, als er elf ist. Beide haben die Orte, an denen sie ihre Kindheit verbrachten, verloren.

Gemeinsam ist ihnen auch ihr Glauben. Katharina ist katholisch und fühlt sich wohl bei den Papst-treuen Italienern. »Das war schön, muss ich sagen, als ich herkam und es so normal war, sonntags in die Kirche zu gehen. Auch dass ich etwas Gemeinsames mit meinem Mann hatte, was wir beide als Kinder kannten. Zu beten, zu glauben, das zu zelebrieren, sich wie ein Christ zu benehmen, gehört bei uns dazu, auch im Kindergarten und in der Schule unserer Kinder. Jesus Christus, das ist hier wie bei anderen Spiderman«, sagt sie.

In puncto Unabhängigkeit prallen bei Katharina und Marco allerdings Welten aufeinander. Sie zieht nach Ende ihrer Schulzeit zum Studium nach Halle, er studiert in seiner Heimatstadt und lebt weiterhin zu Hause. Seit dem Tod des Vaters, ein Jahr bevor er Katharina kennenlernt, wohnt Marco zusammen mit der Mutter und einer seiner älteren Schwestern in seinem Elternhaus. Eine weitere Frau in den Haushalt einzuführen, noch dazu eine Deutsche, erscheint Marco als eine große Herausforderung, die ein besonderes diplomatisches Geschick erfordert. Die erste Zeit bleibt ihre Beziehung deshalb geheim.

Als seine Mutter die beiden eines Tages überrascht, weil sie früher als gewöhnlich nach Hause kommt, bittet Marco Katharina hektisch, sich zu verstecken. Während Katharina in ihrem Versteck ausharrt, mag sie sich gefragt haben, in was für eine Familie sie hier geraten ist. Aber sie respektiert Marcos Beziehung zu seiner Mutter. Vielleicht auch, weil sie selbst die Befindlichkeiten ihrer Eltern berücksichtigt und sie in manchen Punkten über ihre eigenen Empfindungen stellt. Aber dazu später mehr. Marco möchte seine Freundin behutsam in seiner Familie einführen, weil ihm sehr daran liegt, dass sie sich verstehen. Er glaubt: »Meine Mutter hatte Angst vor Katharina, weil sie eine so starke Persönlichkeit ist. Sie wollte mich nicht verlieren.« »Quatsch«, erwidert Katharina, »sie hatten Angst vor dem Fremden und dass ich ihren Marco nach Deutschland mitnehme.« Wie auch immer. Marcos Mutter begreift schließlich, dass es ihrem Sohn ernst ist mit dieser Frau, die aus dem Osten Deutschlands nach Italien gekommen ist.

Katharina ist eine, die ihren eigenen Weg geht. Sie wächst in Querfurt auf, früher eine lebendige Kreisstadt mit 10 000 Einwohnern, heute auf die Hälfte geschrumpft, viele junge Leute sind weggezogen. In der DDR lernt sie früh, was es heißt, in einem den Alltag bestimmenden politischen System zu leben, manche Dinge zu dürfen, andere nicht und immer wieder anzuecken: »Wenn wir sonntags in die Kirche gingen, wurden wir regelmäßig von der Stasi aufgeschrieben.« Ihre Mutter, zunächst eine systemtreue DDR-Bürgerin, wird mit zunehmendem Alter systemkritisch. Ihr Vater, katholisch, kein SED-Mitglied, ist bestrebt, seinen Weg zu gehen, ohne dabei zu sehr aufzufallen. Katharina ist erst zwölf, als das System kollabiert, aber alt genug, um die Ungerechtigkeiten des Staates, in den sie hineingeboren wurde, zu begreifen. Lange vor dem Zusammenbruch der DDR bekommt sie davon Wind und beginnt zu rebellieren: »Meine ältere Schwester hatte ein Einser-Zeugnis, aber durfte nicht an die Erweiterte Oberschule, ich fand das so unfair und ich wusste, mir blüht dasselbe.«

Im Staatsbürgerkundeunterricht, der ihr besonders widerstrebt, organisiert sie im Alter von elf Jahren einen Sitzstreik gegen das Fach. »In der DDR gibt es keine Streiks«, sagt der Lehrer, aber Katharina bleibt auf dem Boden sitzen, über sich einen aufgespannten Schirm, neben sich fünf weitere Mutige, ebenfalls mit aufgespannten Schirmen. »Wir haben eine Ermahnung bekommen. Ich stand immer kurz vor einem Verweis, ich war eine Wilde«, sagt sie. Jedes Jahr steht derselbe Vermerk in ihrem Zeugnis: »Katharina passt sich den Normen des sozialistischen Zusammenlebens nicht an.« Dieser Satz sei ihr Urteil gewesen: kein Abitur.

Das frühe Training in Sachen Gerechtigkeit kommt ihr in Italien zugute. In manchen Behörden fühlt sie sich als Ausländerin abgestempelt und nicht als gleichwertig behandelt. Als ein Sachbearbeiter in der Veroneser Gesundheitsbehörde ihr zum x-ten Mal den permanenten Gesundheitspass verweigern will, der Italienern und EU-Bürgern gleichermaßen zusteht, schlägt sie mit der Faust auf den Tisch und verlangt nach dem Chef. »Ich bin seit drei Jahren in Italien verheiratet«, schmettert sie ihm entgegen, »zahle noch länger in alle Kassen ein, bin dazu noch EU-Bürgerin – und ihr wollt mir mein Recht auf den Gesundheitsausweis verweigern?« Kurze Zeit später verlässt sie das Gebäude mit dem gewünschten Dokument.

Der Mauerfall kommt für Katharina zur rechten Zeit. »Ich wäre keine gute DDR-Bürgerin geworden«, sagt sie und spätestens als sie die Episode in der italienischen Gesundheitsbehörde erzählt, glaubt man ihr das. Während systemtreue Lehrer aus den Schulen entfernt werden, wechselt Katharina auf das Gymnasium und genießt alle Vorzüge der neuen Freiheit. Die Lust aufs Fremde kommt bei ihr zunächst gar nicht auf. Mit der deutschen Vereinigung prasseln so viele neue Eindrücke auf die Familie ein, dass das Ausland gar keine Rolle spielt. »Ich weiß noch, dass wir nach der Wende immer diese Kataloge bekommen haben. Da waren Bilder drin von Kühlschränken, was da in den Regalen lag, das hat uns umgehauen: diese ganzen Joghurts, unterschiedlichste Käse- und Wurstsorten, Gemüse«, erinnert sie. Selber so einkaufen zu können, sei gewesen, wie jeden Tag in den Westen zu fahren. Die lange Enthaltsamkeit prägt sie bis heute. Das Gefühl, etwas zu bekommen, was man sich lange herbeigesehnt hat, empfindet sie als etwas ganz Besonderes. Sie versucht, ihren Kindern dieselbe Empfindung zu ermöglichen, indem sie ihnen nicht gleich alles schenkt, was sie sich wünschen, so wie »italienische Papas es tun«, schmunzelt sie.

Als Katharina die Schule beendet, ist sie zum ersten Mal in ihrem Leben ratlos: Welchen Beruf soll sie ergreifen? Ärztin werden wie ihre Eltern? Eigentlich möchte sie Schauspielerin werden, aber ihr fehlt es an kompetenter Beratung. »Es gab Mitte der 1990er-Jahre kaum Möglichkeiten sich zu informieren. Ich war ziemlich verunsichert«, erinnert sie sich. Und so entscheidet sie sich auf Rat ihrer Eltern für eines der auch in akademischen Kreisen der DDR üblichen Studien: Jura. Sie geht nach Halle. Doch zu Beginn ihrer Studienzeit gibt es immer wieder Phasen, in denen sie an dem Fach zweifelt. Als sie wieder einmal Bedenken hat, ob sie das Richtige tut, erfährt sie, dass ein guter Freund über das Erasmus-Uni-Austauschprogramm für ein Jahr nach Spanien geht. Sie wird hellhörig und findet heraus, dass für ihre Fachrichtung Siena oder Padua in Italien infrage kommt. »Wir Ossis hatten ja keine Ahnung vom südeuropäischen Ausland. Ich kannte weder die eine noch die andere Stadt«, sagt sie. Zudem hat sie Bedenken, ob sie ohne jegliche Sprachkenntnisse von so einem Aufenthalt profitiert. Ihre beste Studienfreundin, eine Westdeutsche, macht ihr Mut. »Was soll's, hab ich gedacht und bin dann blauäugig rein ins Programm.«

Auf Empfehlung des Erasmus-Beraters geht sie nach Padua, weil dort weniger Deutsche sind. »Und dann bin ich mit meinem alten Auto über den Brenner getuckert und nach Italien gefahren, ohne ein einziges Wort Italienisch zu sprechen«, lacht sie und schüttelt den Kopf. Die ersten Monate sind eine Qual. Obwohl sie sich gleich für Italien erwärmt und von der Schönheit der Landschaft und Städte begeistert ist, hat sie es schwer ohne Sprachkenntnisse. Als sie zu Weihnachten ins heimische

Querfurt fährt, um mit ihrer Familie zu feiern, ist sie entschlossen, Italien Italien sein zu lassen und das Erasmus-Jahr abzubrechen. Aber etwas zieht sie zurück. Vielleicht das Pflichtbewusstsein, das sie in anderem Zusammenhang oft erwähnt?

Im Januar – Katharina glaubt kaum noch daran, dass sich der Studienaufenthalt zum Guten wenden wird – begegnet sie bei einem Abendessen mit gemeinsamen Freunden Marco. »Er hat den ganzen Abend Gitarre gespielt. Ich war hin und weg.« Katharina fängt Feuer, plötzlich öffnet sich ihr Herz der italienischen Sprache – und natürlich diesem Mann, der so leidenschaftlich Gitarre spielen und singen kann. Der freudlose Aufenthalt in der uralten Universitätsstadt verwandelt sich plötzlich in ein einziges Abenteuer und legt den Grundstein für ihr weiteres Leben.

Auch Marco spürt, dass etwas Außergewöhnliches mit ihm passiert. Für die meisten Italiener sind Deutsche merkwürdige Touristen mit weißen Strümpfen, Sandalen und einer harten, nach Kommandos klingenden Sprache. Diese schöne Fremde, die verzückt ist von seiner Musik, passt so gar nicht in sein Bild. Er kann gar nicht genug bekommen von dieser Frau, die nicht nur seinen Glauben teilt und Kirchen mag, sondern ihm mit ihrer DDR-FKK-Mentalität, wie sie es nennt, eine neue Art zu leben zeigt, die er als Italiener noch nicht kennt. Alles scheint möglich. Selbst die Sprache stellt keine Hürde da. Plötzlich fällt es Katharina gar nicht mehr schwer, Italienisch zu lernen.

Das Glück der beiden ist zunächst nur von kurzer Dauer, denn Katharinas Pflichtbewusstsein lässt sie nach Ende ihrer Erasmus-Zeit wieder zurück nach Deutschland gehen. Sie möchte ihr Studium beenden. Marco, der vier Jahre älter ist, hat sein Studium bereits abgeschlossen und tritt seinen ersten Job an. Eine Zeit des Pendelns beginnt.

Katharina wechselt von Halle nach Freiburg, um näher an Italien zu sein. Dennoch sitzen die beiden für ein gemeinsames Wochenende bis zu zwölf Stunden im Zug. Während Katharina in Baden-Württemberg über den Jurabüchern schwitzt, pilgert Marco nach getaner Arbeit zum Goethe-Institut in Padua, um Deutsch zu lernen. Seine Freunde treffen sich in der Bar – Marco büffelt Akkusativ und Dativ. Die Mühe lohnt sich. Schon bald spricht er die ersten Sätze. In Querfurt ist er ein Star. »Ich weiß noch, als wir Silvester auf der Burg gefeiert haben«, erinnert er sich. »Jeder wollte mit dem Italiener anstoßen. Am Ende war ich vollkommen betrunken und der Freund von allen.«

Katharinas Mutter weinte, als sie Marco zum ersten Mal sah und er für Katharina ein Geburtstagsständchen auf der Gitarre spielte. »Sie wusste, dass sie ihre Tochter verliert«, erzählt Katharina, »aber meine Eltern lieben Marco und haben nicht ein einziges Mal versucht, mich davon abzuhalten, nach Italien zu gehen.« Er sei nicht der typische Schwiegersohn, der Rasen mäht und Computer repariert, aber ihre Eltern wüssten ihn zu schätzen: seine offene Art, seinen Charme, seinen Witz. »Ich kann nicht bei den Eltern Rasen mähen, ich muss mich doch um ihre Tochter kümmern«, grinst Marco.

Wie eingangs erwähnt, haben sowohl Marco als auch Katharina besondere Beziehungen zu ihren Eltern, geprägt von tiefem Respekt gegenüber einem Lebensstil, den sie zwar selbst nicht vertreten, aber zu Hause aus Rücksicht auf die ältere Generation tolerieren. Trotzdem lehnt Marco jedes Jahr höflich, aber bestimmt den Querfurter Weihnachtskarpfen ab und ist damit ähnlich revolutionär wie Katharina, als sie mit Marco in die eigenen vier Wände zieht. Wie das Neue Zugang zum Alten findet, sieht man an Marcos älterer Schwester: Nachdem Katharina und Marco sich für ihre eigene Wohnung entschieden haben, zieht auch seine ältere Schwester aus dem Haus der Mutter aus.

Über sieben Jahre zieht sich die Fernbeziehung hin. Katharina schließt ihr zweites juristisches Staatsexamen ab, dann sind Entscheidungen gefragt. Zusammenleben ja oder nein? Wenn ja, wo? Sie denkt pragmatisch: »Er hatte ein Einkommen und eine Wohnung, als Frau passt man sich vielleicht auch eher an oder setzt die Prioritäten anders. Ich dachte, ich probier das einmal aus. Beruflich verwirklichen kann ich mich in Deutschland auch in einem Jahr noch, wenn es nicht klappt.« Rückblickend glaubt Marco, er sei nicht mutig genug gewesen, um Italien zu verlassen: »Mir hat es in Deutschland wirklich gut gefallen, aber ich hatte noch nie im Ausland gelebt.«

Katharina hingegen hatte sich bereits in drei Ländern und Systemen zurechtgefunden: in der DDR, in der für sie neuen BRD und als Studentin in Italien. Dass man sich seinen Platz in der Gesellschaft erkämpfen muss – notfalls im Sitzstreik unter einem aufgespannten Schirm –, weiß sie. Die Möglichkeit des Scheiterns schreckt sie nicht ab. Vielleicht gibt ihre ostdeutsche Vergangenheit ihr auch den entscheidenden Anstoß: »Frauen im Osten mussten ihren Mann stehen. Die Frau musste mehr arbeiten, mehr leisten, mehr verzichten als der Mann. Das gehörte zum guten Ton.« Sie ist nicht vordergründig auf ihre Karriere fixiert. »Ich nehme mich selbst nicht so wichtig«, sagt sie an anderer Stelle. Es gibt andere Bereiche im Leben, die ihr mehr bedeuten: Familie, Gesundheit, Kinder. Die berufliche Verwirklichung liege ihr am Herzen, aber sie weiß, dass sie nicht alles auf einmal haben kann. »Unsere Generation wird bis 70 arbeiten. Da bleibt für die berufliche Verwirklichung noch Zeit« sagt sie und denkt dabei vielleicht an ihren Vater, der in DDR zunächst nicht studieren durfte und einige Jahre als Pfleger arbeitete, bevor er Arzt werden konnte.

Als Katharina nach Padua zieht, nimmt sie berufliche Abstriche in Kauf. Dass sie mit einem deutschen Jurastudium südlich des Brenners keinen Eindruck schinden kann, ist ihr klar. Zunächst will sie arbeiten, um Geld zu verdienen und finanziell unabhängig zu sein: »Das war mir wirklich wichtig, dass ich dieses Grundeinkommen habe und nicht abhängig bin.« Sie fängt an, in einer Druckerei zu arbeiten, lernt fachspezifisches Vokabular, das sie nicht einmal im Deutschen kennt – und leidet. »Der Job war furchtbar«, erzählt sie. »Ich musste den ganzen Tag durch die Druckerei flitzen, Aufträge entgegennehmen und gucken, dass sie richtig umgesetzt werden.« Nach einiger

Zeit macht sich der Stress durch eine deutliche Gewichtsabnahme bemerkbar.

»Ich konnte einfach nicht mehr. Ich musste den Job kündigen. Es war das erste Mal in meinem Leben, dass ich mein eigenes Wohl über mein Pflichtbewusstsein gestellt habe«, gesteht sie. Sie kündigt und hat bereits zwei Wochen später zwei neue Jobangebote in der Tasche. Sie entscheidet sich für das Angebot eines internationalen Versicherungsunternehmens, bei dem sie in der Rechtsabteilung eingestellt wird. Beruflich geht es voran. Und auch privat scheint ihr Plan aufzugehen. Die Liebe blüht. Nach einem halben Jahr in Padua hält Marco um ihre Hand an. »Ich muss gestehen, dass sein Antrag mich überrumpelt hat«, sagt sie im Nachhinein. Die Situation zwingt sie, sich nicht nur für ihn, sondern für ein Leben in Italien zu entscheiden: »Will ich hier wirklich leben, arbeiten und Kinder kriegen? Trau ich mir das zu?«, fragte sie sich damals. *Casomai* sagen die Italiener gern: vielleicht. Aber in diesem Punkt ist Verbindlichkeit gefragt: Ja oder nein?

Katharina weiß es nicht. Marco nimmt ihr den Ring wieder vom Finger. Er will ihr Zeit geben. Es folgt eine Nacht, die Katharina ihr Leben lang nicht vergessen wird. Sie möchte nicht, dass Marco sich von ihr zurückgewiesen fühlt, und hat gleichzeitig Zweifel, ob sie ein Leben in Italien meistern wird. Ihr fester Glaube daran, dass die Dinge sich zum Guten wenden, wenn man ihnen eine Chance gibt, lässt sie eine Entscheidung treffen: »Lieber mache ich alles wieder rückgängig, als dass er denkt, ich möchte ihn nicht. Perfekt gibt es sowieso nicht, und wenn, dann nur für einen kurzen Augenblick.«

Zehn glückliche Ehejahre später ist das Leben der Lorenz Marchis ziemlich nah dran an der Perfektion. Der einzige feste Termin im Jahr ist das Weihnachtsessen in Querfurt am 26. Dezember mit Katharinas gesamter Familie. Den Rest der Zeit leben Katharina und Marco getreu dem italienischen Motto *vediamo* – wir werden sehen. Oder anders: Sie versuchen, den Moment zu genießen und sich nicht in einer Zukunft zu verplanen, die sie nicht vorhersehen können. Gerade ist es gut, wie es ist. Mit ihrem Umzug von Padua nach Verona vor vier Jahren ist Katharina ihrer Vorstellung von purem Glück ein kleines bisschen nähergekommen. Nicht nur, weil die Stadt ihr mehr zusagt und internationaler ist als Padua, auch, weil sie neutrales Territorium darstellt. Padua ist Marcos Heimat, hier hat er seine Familie, seine Freunde. In Verona müssen sich beide neu orientieren. »Ich bin hier zu Hause«, sagt Katharina mit Bestimmtheit. »Wenn ich morgen sterben sollte, möchte ich hier begraben werden.« Sicher würde sie sich wünschen, dass ihre Kinder sich später in Deutschland ausbilden lassen. Aber forcieren würde sie es nicht. Sie merkt, wie schwer es ist, in der wenigen Zeit, die ihr als Berufstätige mit den Kindern bleibt, die deutsche Sprache an sie weiterzugeben. Luca und Emilie sind durch den Kindergarten vor allem im Italienischen beheimatet und antworten ihr meist auf Italienisch. Die kleinen Übel nimmt Katharina gern in Kauf: dass ihre Kinder zwar Deutsch verstehen, aber im Moment wenig sprechen; dass sie als Ausländerin Behördenkämpfe auszufechten hat und nicht dieselben Karrierechancen wie eine Italienerin; dass ihre Familie so weit weg ist.

Aber wenn sie dann in ihrer Wohnung sitzt, neben sich ein Glas Wein aus der Region, dazu ein deftiges Stückchen Parmesan und ihre bezaubernden Kinder, deren melodisches Italienisch sie liebt, dann ist sie ihrer Vorstellung von der Verwirklichung ihrer Träume sehr nah. Wenn Marco dann auf seiner Gitarre spielt und herzzerreißende italienische Lieder für sie singt, ist ihr Glück perfekt. Für diesen Moment. Aber es sind genau diese Augenblicke, auf die es ankommt im Leben.

*Als ich mich am späten Abend von den Lorenz Marchis verabschiede und über die alte backsteinerne Brücke in Richtung Altstadt laufe, überkommt auch mich ein Gefühl von großem Glück: in einer Zeit zu leben, in der es den Menschen zusteht, sich frei in alle Himmelsrichtungen bewegen zu können, und Wachtürme wie jener, der jetzt über mir in den Himmel ragt, Relikte aus der Vergangenheit sind. Noch. Die Zäune an den EU-Außengrenzen und die eisige Atmosphäre zwischen den Brexit-Verhandlungspartnern machen deutlich, dass im Europa des Jahres 2017 sichtbare und unsichtbare Barrieren entstehen, die wir meinten, überwunden zu haben. Unsere Grundwerte müssen wir immer wieder aufs Neue verteidigen.*

# Willkommen in Deutschland
## Die deutsch-griechische Familie Behnke, Gevelsberg, Deutschland

*Gevelsberg, Deutschland, Februar 2017: Während ich an einem sonnigen Sonntagvormittag im Februar 2017 auf der A1 in Richtung Hagen fahre, die Ausfahrt Gevelsberg nehme und der sich windenden Straße durch Felder, Wälder und Anhöhen folge, frage ich mich, wie es für Agirios Kalimeris, den Vater unserer Protagonistin Christina Behnke, gewesen sein muss, als er am 8. September 1964 nach sechstägiger Zugreise quer durch Europa in Gevelsberg ankam. Auch ich bin zum ersten Mal in dieser 30 000 Einwohner großen Gemeinde im südlichen Ruhrgebiet in Nordrhein-Westfalen und mich überrascht die hügelige Landschaft. Agirios Kalimeris kam aus einem 350-Seelen-Dorf am Fuße karger Berge bei Kozani im Norden Griechenlands, wo er Schafhirte war und die Aussicht auf ein sorgloses Leben so gering, dass er sich entschloss, sein Glück im Norden Europas zu suchen, wo kräftige Männer gebraucht wurden. Viele seiner Bekannten und Verwandten waren bereits aufgebrochen. Der Tag, an dem er Deutschland erreichte, hat sich in Agirios' Gedächtnis eingebrannt. Die Größe der Stadt, ihre Architektur, die ungewohnte Witterung, die Menschen und ihre harte Sprache müssen den jungen Mann, der nichts kannte außer das heimische Dorf mit den angrenzenden Bergen, überwältigt haben. Am 20. September beginnt er seine Arbeit beim Werkzeugbauer Peddinghaus, damals einer der größten Arbeitgeber in der Region. Ein Jahr später holt er seine Frau nach. Ihr gemeinsames Baby, Christinas Bruder, bleibt bei den Großeltern in Griechenland. Weitere drei Jahre vergehen, bis Christina in Gevelsberg das Licht der Welt erblickt und als Griechin in Deutschland aufwächst. Heute betreibt die 48-jährige Friseurmeisterin ihren eigenen Salon und ist mit Karsten Behnke, Gevelsberger und Kfz-Elektrikermeister, verheiratet. Sie haben zwei Kinder,*

*Christina und Karsten Behnke mit Milena und Marius*

*Marius, 22, Gärtner, und Milena, 19, Abiturientin, die zurzeit ein freiwilliges soziales Jahr in einer Wohneinrichtung für Suchtkranke absolviert. Ich besuche die Familie in ihrer Wohnung im Erdgeschoss eines Mehrfamilienhauses am Rand von Gevelsberg.*

»Komm mir nicht mit einem Deutschen heim«, sagt Agirios Kalimeris zu seiner Tochter Christina, als sie ein Alter erreicht, in dem Gleichaltrige ihre ersten Erfahrungen mit Jungs machen. Dieses Versprechen muss sie ihm geben. Dass sie, die in Deutschland aufwächst und in Gevelsberg heimisch ist, dieses Versprechen nicht halten kann, ist abzusehen. Sie möchte es ihren Eltern recht machen. Aber was soll sie tun? Als sie 20 Jahre alt ist, ergibt sich die Antwort von selbst. Bei einem Stadtfest lernt sie Karsten kennen – und verliebt sich in ihn. Nicht weil oder obwohl er Deutscher ist, sondern wegen seiner witzigen, liebevollen, zugewandten Art und seines Verständnisses für sie, die ihre Eltern nicht enttäuschen möchte. Zwei Jahre halten die beiden ihre Beziehung geheim, aber irgendwann kommt der Tag, an dem Christina ihren Freund in ihre Familie einführen will. Die Angst ist groß, aber stärker noch der Wunsch, sich endlich öffentlich zu dem Mann zu bekennen, den sie liebt. Christina sorgt dafür, dass ihr Bruder zu Hause ist, damit er sie unterstützt, sollte der Vater zu temperamentvoll reagieren.

Karsten ist vorbereitet: Seine Cowboystiefel – die Christinas Vater hasst – tauscht er gegen Collegeschuhe mit Bommeln, speziell für diesen Anlass gekauft. Dazu trägt er ein gebügeltes Hemd, unter dem Arm eine Schachtel Pralinen, in der Hand einen Strauß Blumen. Das Gelächter am Tisch ist groß, als Karsten mehr als 20 Jahre später seinen Aufwartungs-Look schildert. Marius, Milena und Christina steigen Tränen in die Augen vor Lachen. »Mehr Klischee geht nicht«, kommentiert Karsten, »aber ich wollte nichts falsch machen.« Er ist ein zupackender Mann, weich zwar in seiner Hinwendung zu seiner Familie, aber rein äußerlich nicht das, was man einen Softie nennen würde.

Damals ist dem jungen Paar nicht zum Lachen zumute. Zwar kommt es bei dem ersten Treffen nicht zu einer Auseinandersetzung, aber es dauert drei Monate, bis Christinas Vater wieder mit ihr spricht. Heute erklären Christina und Karsten sich das mit einer großen Unsicherheit des Vaters gegenüber der Kultur des Landes, in dem er zwar arbeitet, aber dessen Sprache er nur so weit beherrscht, dass es für das Nötigste reicht. »Ich glaube, er hatte Angst, mich zu verlieren«, spekuliert Christina. Als ihre Eltern sich in den 1960er-Jahren nach Deutschland aufmachten, träumten sie davon, eines Tages die finanziellen Mittel zu haben, um mit der ganzen Familie in die griechische Heimat zurückkehren und dort leben zu können. Zu starken deutschen Einfluss empfinden sie instinktiv als eine Bedrohung, so als würde ihnen dadurch die Kontrolle über ihre Zukunft entgleiten.

»Ich bin sehr streng erzogen worden«, erzählt Christina, »ich musste abends wieder zu Hause sein, wenn die anderen gerade losgingen.« Anstatt gegen ihre Eltern zu rebellieren, wie es andere Gleichaltrige tun, akzeptiert sie ihre strenge Art. Vielleicht weil sie weiß, dass ihre Eltern sich in diesem fremden nordeuropäischen Land für sie und ihren Bruder aufopfern. Man kann sich vorstellen, dass die hohe Leistungsbereitschaft ihrer Eltern, bis hin zur körperlichen Verausgabung, einen Eindruck bei ihr hinterlässt. Sie weiß, dass sie es nicht leicht haben ohne Sprachkenntnisse und Ausbildung. Oft arbeitet ihr Vater Extraschichten am Wochenende, auch ihre Mutter ist rund um die Uhr im Einsatz. »Mein Vater hat jahrelang am offenen Feuer am Schleifstein gestanden und die Grate der schweren Baggerzähne entfernt. Meine Mutter war zunächst in einer Fabrik an der Presse tätig, später hat sie als Küchenhilfe in einer Metzgerei gearbeitet«, berichtet Christina. Ihr Lebensstil bleibt sparsam, denn die Eltern legen Geld zurück für ihren Lebenstraum. »Ich war 14 Jahre alt, als ich mein erstes eigenes Zimmer bekam«, erinnert sie sich, »davor hatte ich ein Schlafsofa in der Küche.«

Christinas Kinder gucken mitleidig: Das erste eigene Zimmer mit 14? Für sie ist das schwer vorstellbar. Noch weniger können sie sich in die Situation hineinversetzen, in einem so kontrollierten Umfeld aufzuwachsen, sich nicht mit den Freunden treffen zu dürfen, die man mag, sondern jede Verabredung mit den Eltern abzustimmen und nach Kriterien der Herkunft zu überprüfen. »Bei mir sind meine Großeltern sehr viel lockerer«, sagt Milena, »obwohl ich zunächst auch etwas Bedenken hatte, als ich ihnen meinen ersten Freund, einen Italiener, vorgestellt habe.« Ihre Eltern seien weicher geworden, meint Christina – und realistischer, könnte man ergänzen. Der Traum von der Rückkehr ins eigene Land, an den sich Christinas Eltern so lange geklammert haben, ist irgendwann zur Utopie geworden. Es hat lange gedauert, bis sie sich das eingestehen, fast ihr ganzes Leben. Mit den Jahren lernen sie ihr deutsches Umfeld zu schätzen und erkennen, dass Griechenland nicht das Paradies ist, das sie sich in ihren Träumen ausgemalt haben. »Wenn mein Vater irgendwelche Dinge in griechischen Behörden erledigen muss, dann schimpft er über die Griechen, sie sollten sich von den Deutschen eine Scheibe abschneiden«, berichtet Christina. Mit zunehmendem Alter profitieren die Eltern von der ärztlichen Versorgung in Gevelsberg, mit der die griechische sich nicht messen kann.

In den 1960er-Jahren blieben die Deutschen für die Familie Fremde. »Ich glaube, meine Eltern fühlten sich auch von ihrem Bildungsstand her nicht gleichwertig. Noch heute sagen sie, sie seien Bauern mit sechs Jahren Schulbildung«, sagt Christina. »Ich denke, sie waren unsicher, weil sie zu Beginn mit den Traditionen und Gewohnheiten nicht vertraut waren. Sie sind mit anderen Griechen unter sich geblieben. Da fühlten sie sich wohl, haben getanzt und gefeiert, gegessen – so wie sie es von zu Hause kannten.« In der griechischen Parallelwelt waren sie ihrem Traum sehr nahe. Die meisten Freunde und Verwandte hatten ihn. Gemeinsam hielten sie Erinnerungen an die alte Heimat wach, die ihnen aus der Ferne sehr schön erschien. Vielleicht fällt ihnen diese Art des Lebens auch deshalb nicht schwer, weil die Griechen »viel geben für den Schein«, wie Christina erklärt. Es sei ausgesprochen wichtig, nach außen ein glückliches Leben zu führen – was sich im Inneren abspielt, sei zweitrangig.

Christinas älterer Bruder wächst bei den Großeltern in Griechenland auf, weil er bereits ein Schulkind ist, als die Eltern ihn nachholen wollen. »Der Lehrer hat meinen Eltern davon abgeraten, weil er ein guter Schüler war, und er befürchtete, die fremde Sprache könne ihn zurückwerfen«, berichtet Christina. Ihr kommen die Tränen, als sie von ihrem Bruder erzählt. Man kann sich kaum vorstellen, wie schwer es für ihre Eltern – und vor allem den Bruder selbst – gewesen sein muss, über Jahre mehr als 2000 Kilometer von den Eltern und der Schwester getrennt zu leben und sich nur einmal im Jahr zu sehen. »Zu der Zeit war es normal. Viele Verwandte haben Kinder zurückgelassen. Meine Eltern wollten das Beste für ihn. Für sie zählte das Wort des Lehrers. Er war eine Autorität«, erklärt Christina. Ihr Bruder leide noch heute unter den Folgen, obwohl er es gut hatte bei den Großeltern.

Um dem Traum von einem sorgenfreien Leben in Griechenland ein Stück näher zu kommen, fangen Christinas Eltern an, in ihrem Heimatdorf ein Haus zu bauen. »Meine Eltern haben sich für dieses Haus aufgeopfert«, schildert Christina. »Alle guten Markensachen gingen für die Einrichtung dorthin, während wir hier sparsam gelebt haben.« Zu ihrem Wunschbild gehört auch eine Tochter, die sich problemlos in die griechische Gesellschaft einfügen kann. Das ist die Rechtfertigung ihrer Eltern für ihre strenge Erziehung. Es ist, als könnte Christinas Beziehung zu einem Deutschen ihren Traum zum Platzen bringen. Nur einmal ist ihr Vater versucht, auch in Deutschland Wurzeln zu schlagen. In den 1970er-Jahren überlegt er, ein Haus in Deutschland zu kaufen. Vermutlich ahnt er, dass die Familie noch lange in Deutschland bleiben muss, denn in der Heimat wird die Situation auf dem Arbeitsmarkt nicht besser. Aber ihre Mutter bleibt strikt, denn noch ist der Sohn in Griechenland. Den Traum aufgeben hieße ihn aufgeben.

In den frühen 1970er-Jahren lebten viele Gastarbeiterfamilien in der Umgebung von Gevelsberg: Griechen, Italiener und Türken. »In der Grundschule gab es richtige Griechischklassen«, erinnert sich Christina. »Wir hatten einen Griechischlehrer und einen Deutschlehrer.« Später wechselt sie auf die Hauptschule und beklagt, dass sie im Schriftlichen weder in Griechisch noch in Deutsch je Perfektion erlangt hat. Aber hin- und hergerissen ist sie nicht. Während Christinas Eltern nur wenig Kontakt zu Deutschen haben, öffnet sich Christina ihrem Umfeld. Beide Sprachen und Kulturen gehören zu ihrer Identität. Sie fühlt sich wohl in Gevelsberg, liebt aber auch die Sommermonate in der Heimat ihrer Eltern. Selbst einmal dorthin zu ziehen, kann sie sich jedoch nicht vorstellen. Zu verschieden ist das Leben der Menschen dort von ihrem Leben in Deutschland, zu aussichtslos ist die Perspektive auf ein regelmäßiges Einkommen. Ihre Eltern müssen zu einem ähnlichen Schluss gekommen sein. Als Christinas Bruder im Alter von 20 Jahren nach Deutschland kommt, um in Köln Sport zu studieren, gibt es für ihre Eltern immer weniger Gründe, die Sachen zu packen und nach Griechenland zurückzugehen. Aber sagen würden sie das nie. Im Gegenteil. »Ich erinnere noch, wie ich als Kind immer dachte, dass meine Großeltern wieder nach Griechenland ziehen würden. Das war so traurig. Einmal habe ich sogar einen Kalender angelegt und Kreuzchen gemacht, für jeden Tag bis sie wiederkamen«, sagt Christinas Tochter Milena, die eine sehr enge Bindung zu *Jaja* und *Papu* – Oma und Opa – hat. Seit Christinas Eltern in Rente sind, verbringen sie die Sommermonate in Griechenland. Aber die Tage vergehen, und in der Zeit zwischen September und Mai erscheint Papu jeden Morgen an der Haustür der Behnkes, um seine Enkelin in den Kindergarten und in die Schule zu bringen.

Bevor Christinas Kinder überhaupt auf der Bildfläche erscheinen können, muss sie ihren Zukünftigen in die griechische Familie integrieren. Dass er der Mann ist, mit dem sie ihr Leben verbringen möchte, weiß sie früh. Ihre Lebensentscheidung will sie sich nicht vom Wunschdenken ihrer Eltern diktieren lassen. Die Friseurin steht mit beiden Beinen im Leben und sieht ihre Zukunft und die ihrer Kinder in Deutschland. Karsten ahnt zunächst nichts vom ausländischen Hintergrund des Mädchens, in das er sich bei einem Stadtfest Hals über Kopf verliebt hat: »Man hat ihr ja nichts angemerkt, von der Sprache oder vom Aussehen her.« Nicht, dass es ihn gestört hätte. »Wir sind ja hier alle mit dem Bewusstsein aufgewachsen, dass wir die Gastarbeiter gut aufnehmen«, erzählt Karsten. Italiener, Jugoslawen, Türken und Griechen prägen das Bild, als er in den späten 1960er- und frühen 70er-Jahren in Gevelsberg aufwächst. Viele seiner Mitschüler haben ausländische Wurzeln; über Nationalitäten habe man nicht wirklich nachgedacht. Das internationale Gemisch sei selbstverständlich gewesen.

Karsten ist stolz, als er von Christinas Familiengeschichte erfährt: »Das hatte nicht jede, das war schon ein Plus.« Er hat Verständnis dafür, dass Christina Rücksicht auf ihre Eltern nimmt. Dass sie zwei Jahre lang in der Öffentlichkeit nicht Händchen halten dürfen, aus Angst davor, jemand könnte Christina erkennen, nimmt er hin. Auch er weiß: Sie ist die

Richtige für ihn. Als Christina ihn endlich ihren Eltern vorstellt und sich nach drei Monaten väterlichen Schweigens die Wogen geglättet haben, folgt das, was in griechischen Familien üblich ist: die Verlobung. Erst danach ist die Beziehung offiziell, erst dann darf die Frau bei ihrem zukünftigen Mann übernachten. Eigentlich. Auch am Abend nach der Verlobungsfeier will Christinas Vater sie nicht mit zu Karsten gehen lassen: »Nein«, sagt er, »du kommst mit nach Hause.« Wieder nimmt Christina all ihren Mut zusammen und pocht mit 22 Jahren auf ihr Recht: »Ich bleibe heute bei meinem Verlobten.« Und so kommt es dann auch. Heute weiß ihr Vater, was er an seinem Schwiegersohn hat. »Mein Vater schätzt ihn sehr als Menschen. Karsten hilft, wo er kann«, sagt Christina. Auch auf seine Tochter ist der Vater stolz. Nicht nur, weil sie es zu einer selbstständigen Unternehmerin gebracht hat, auch weil sie eine glückliche Familie hat.

Über viele Jahre bleibt es ein Balanceakt für Christina und Karsten, sich einerseits in ihrem eigenen Leben einzurichten und andererseits die Befindlichkeiten der Eltern zu respektieren. Karstens Eltern bleiben bei Familienfesten sprachlich auf der Strecke: »Wenn bei uns eine Feier anstand, dann war hauptsächlich die griechische Verwandtschaft zugegen, die war einfach zahlreicher«, sagt Karsten, »natürlich wurde dann griechisch gesprochen. Meine Eltern fühlten sich dabei immer ausgeschlossen. Sie sind dann nicht mehr gern gekommen.« Karsten selbst öffnet sich den neuen Einflüssen. Er lernt Griechisch und liebt die Fahrten in den heißen Süden: Jeden Sommer reist die Familie in das Dorf der Eltern, wo auch Karsten bald jeden kennt und sich wie zu Hause fühlt. »Das ist diese griechische Gastfreundschaft«, erzählt er. »Man kommt an und wird von jedem eingeladen. Es ist, als wäre man ein lange verschollenes Familienmitglied. Jeder öffnet seine Tür, macht eine Flasche auf. Es ist schon nett.« Auch mit den griechischen Verwandten in Deutschland kommt er klar. Zu Ostern, dem wichtigsten Fest der Griechen, kommen sie in großer Runde zusammen und grillen nach alter Tradition ein ganzes Lamm am Spieß. Alle dürfen drehen, auch die Kinder. Tagelang wird diese Feierlichkeit vorbereitet.

»Wer wird diese Traditionen wohl fortführen?«, fragt sich Christina. Ihr Vater sei mit fast 80 Jahren bald nicht mehr in der Lage, das Prozedere durchzuführen. Ob die griechischen Bräuche in Deutschland nach und nach verloren gehen? Dauerhaft nach Griechenland zu gehen, kommt für die Behnkes nicht infrage. »Die Arbeitsmentalität ist eine ganz andere«, erklärt der Kfz-Mechaniker. »Für meinen Job gibt es die Infrastruktur gar nicht. Da Geld zu machen, ist so gut wie unmöglich.« Aber sie haben ihren Traum von einem eigenen Haus am Meer. Denn ganz ohne Griechenland geht es auch für Christina und Karsten nicht. Sie schätzen die Lebenskultur: »Jedes Mal nehmen wir uns vor, etwas von dieser Entspanntheit, die uns dort begegnet, mit nach Hause zu nehmen«, sagt Christina, »aber sobald wir wieder hier sind, hat uns der hektische Alltag schnell zurück.« Als Selbstständige nehme sie sich maximal vier Wochen im Jahr frei. »Die Griechen«, sagt Karsten, »die machen auch einfach mal zu, wenn sie am Tag davor genug verdient haben.«

Karsten beneidet die Griechen um ihren Stolz und ihre Liebe zu ihrem Land. »Das durften wir ja nie«, sagt er, »stolz sein auf unser Land. Aber die Griechen, bei denen sieht man es schon am Gang, die sind stolz und gehen, um zu gehen. Sie hetzen nicht hektisch von einem Ort zum nächsten, so wie wir. Der griechische Standpunkt ist der: Entweder ist man Grieche oder man will einer werden.« Karsten versucht paradoxerweise das Gegenteil: Er möchte die griechische Staatsbürgerschaft seines Sohnes wieder zurückgeben. Allerdings hat er einen guten Grund, er ist bemüht, seinem Sohn den griechischen Wehrdienst zu ersparen. Marius ist 17 Jahre alt, als er über seine Wehrpflicht in Griechenland informiert und zur Musterung vorgeladen wird. Damit hat die Familie nicht gerechnet. Als ihr ältester Sohn zur Welt kommt, besteht die Wehrpflicht in Deutschland noch. Kinder mit Doppelstaatsangehörigkeit können sich das Land aussuchen, in dem sie ihre Pflichtzeit absolvieren. Mit der Abschaffung des Wehrdienstes in Deutschland muss Marius automatisch dem anderen Land dienen. Vergeblich versucht Karsten, die griechische Staatsbürgerschaft seines Sohnes abzuschütteln – es geht nicht. Immerhin wird er nach einem aufwendigen Verfahren um 50 Jahre zurückgestellt.

Mit anderen Details nehmen es die Griechen nicht so genau. Als Karsten seinem Sohn einen griechischen Pass besorgen will, weigert sich der griechische Konsulatsbeamte, seinen deutschen Vornamen in das Dokument aufzunehmen: »Marius gibt es nicht. Das ist kein griechischer Name. Ich schreibe Marios rein.« Karsten ist fassungslos. Er verlangt, den Vorgesetzten zu sprechen: »Mein Sohn ist Marius oder er wird kein Grieche!« Widerwillig habe der Vorgesetzte dem Namen zugestimmt. Christina ergeht es nicht besser. Als sie ihren griechischen Pass verlängern will, um ihren neuen Familiennamen eintragen zu lassen, werden die Beamten erfinderisch. Da das griechische Alphabet ein B nicht kennt, machen sie aus dem B ein P und setzen davor einfach ein M. Das H ist in Griechenland ebenfalls nicht bekannt und so lassen sie es einfach weg. Aus Christina Behnke wird Christina Mpenke. »Ich wollte den neuen Pass haben, damit ich endlich wie meine Kinder heiße und von den Grenzbeamten nicht immer schräg angeguckt werde, wenn ich mit ihnen allein reise. Aber das hätte ich mir sparen können.«

Es sind diese Erlebnisse, die den Behnkes vor Augen führen, wie unterschiedlich die beiden Kulturen sein können und wie privilegiert sie sind, die Wahl zu haben. Vielleicht ist es die durch die griechischen Behörden frei interpretierte Namensschreibung, die Christina schließlich von ihrer Wahl Gebrauch machen lässt, Deutsche zu werden. Mehr noch als die deutsche Staatsangehörigkeit möchte sie einen Pass, in dem ihr Name richtig geschrieben steht. Mehr als einmal hat das griechische Dokument sie in Schwierigkeiten gebracht. Als sie im Alter von 40 Jahren ihren Meister macht, bekommt sie bei der Anmeldung zur Prüfung ein Problem: »Sie machen sich strafbar. Sie sind eine Frau mit zwei Identitäten. Auf einem Formular sind Sie Frau Behnke, geboren in Gevelsberg. In ihrem Pass sind Sie Frau Mpenke, geboren in Dortmund.« Christina ist wütend. Tatsächlich hat das griechische Konsulat nicht nur ihren Namen, sondern auch ihren Geburtsort erfunden. Bis dahin war ihr das gar nicht aufgefallen: »Das war der Punkt, an dem ich mich dazu entschlossen habe, Deutsche zu werden.«

Gesagt, getan? »Das war ein ziemlicher Aufriss«, erinnert sie sich, »was die alles von mir haben wollten: jede Bewegung von der Geburt an.« Die Einladung zum Einbürgerungsakt kommt, als Christina bereits selbstständige Friseurin ist. Gerade hat sie ihr eigenes Geschäft eröffnet und ist bemüht, sich bei den Kunden einen Namen zu machen. Den Laden früher schließen? Das kommt für sie nicht infrage. Ohnehin ist die Einbürgerung für sie eine reine Formalität, gefühlt ist sie von jeher Deutsche. Ob sie den Termin verschieben könne, fragt sie und erfährt, dass das nicht möglich sei. Christina macht ausnahmsweise etwas eher Schluss, setzt sich ins Auto und flitzt nach Schwelm, wo der Akt stattfinden soll. Sie trägt ihre Arbeitskleidung, an der noch ein paar Haare der letzten Kundin kleben. An ihrer Hüfte hängt eine Haarklammer, die sie in der Eile vergessen hat zu entfernen. Im Rathaus angekommen, staunt sie über die vielen Menschen in Feierstimmung: »Die Frauen hatten ganz schicke Kleider an, die Männer Anzüge.« Ein Orchester spielt, der Landrat schwingt Reden. Christina sitzt verunsichert zwischen aufgestylten Ausländern und guckt sich um, ob sie nicht irgendwo eine versteckte Kamera sieht. »Es war absurd«, sagt sie im Rückblick.

Dann kommt der Moment der Einbürgerung. Jeder Einzelne wird auf die Bühne gebeten, um seine Urkunde entgegenzunehmen. »Christina Behnke«, ruft der Landrat und schüttelt ihr die Hand: »Willkommen in Deutschland!« Sie steht da, den Friseurkittel voller Haare, die Klammer an der Hüfte und denkt: Das kann nur ein Scherz sein. Dann stellt sie sich in eine Reihe mit den anderen Neubürgern, in der Hand ihre neue deutsche

Identität, ein Grundgesetzbuch und eine Broschüre mit Sehenswürdigkeiten der Region, in der sie aufgewachsen ist – und stimmt in die deutsche Nationalhymne ein. »Comedy pur«, sagt sie im Rückblick, während Karsten sich vor Lachen nicht halten kann: »Willkommen in Deutschland«, prustet er, »dass ich das verpasst habe.« Als der Landrat ein Gruppenfoto machen will, ergreift Christina die Flucht. Mit Arbeitsklamotten auf ein Einbürgerungsfoto? Das lässt sich mit ihrem griechischen Stolz nicht vereinbaren.

An ihrem Gefühl, in beiden Ländern beheimatet zu sein, ändert die Doppelstaatsbürgerschaft nichts. Anders als ihre Eltern ist sie in der Lage, Griechenland und Deutschland miteinander zu vereinen. Vielleicht auch, weil sie realistisch bleibt und weiß, dass sie eine feste Arbeit und finanzielle Sicherheiten braucht, um einen gewissen Lebensstandard zu erreichen. Und dass Griechenland trotzdem weiter zu ihrem Leben gehören kann: als Urlaubsland, vielleicht auch einmal als ein Ort, an dem sie zusammen mit Karsten längere Zeit verbringen wird, wenn der Beruf sie nicht mehr voll beansprucht. Das können beide sich gut vorstellen. Und auch die Behnke-Kinder haben Griechenland ins Herz geschlossen. Wie es der Zufall will, ist Milenas Freund Kevin ebenfalls Halbgrieche, so wie sie. »Das ist wirklich schön, weil er ähnliche Erfahrungen gemacht hat wie ich, die Traditionen kennt und auch das Hin-und-hergerissen-Sein zwischen Kulturen, das ich manchmal spüre«, erklärt sie. Für sie steht fest, dass Griechenland einen wichtigen Platz in ihrem Leben hat. Ganz in den Süden zu ziehen, kann auch sie sich nicht vorstellen. Warum auch? Sie genießt die Vorzüge beider Welten.

Auch Christinas Eltern haben sich letztlich mit der Realität arrangiert und profitieren von ihren Standbeinen in beiden Ländern. Drei Monate im Jahr verbringen sie in ihrem inzwischen fertiggestellten Traumhaus in Griechenland, den Rest der Zeit sind sie in Deutschland, wo ihre Kinder und Enkel leben. Wenn die Großfamilie Kalimeris beisammen ist und Feste feiert, dann erleben sie, was sie lange Jahre nicht wahrhaben wollten: dass Sein wichtiger ist als Schein.

Das ist eine Weisheit, die Christina und Karsten schon lange beherzigen. Zusammen zu sein ist für sie von jeher das eigentliche Ziel im Leben, egal was die deutsche oder die griechische Verwandtschaft dazu sagt. Wenn man sie mehrere Stunden reden hört, die Familie zusammen erlebt, wie sie sich gegenseitig necken, mit Taschentüchern unterstützen, wenn Tränen fließen, zusammen lachen und über alte Fotos staunen, dann vermitteln sie eine Lebensfreude und Toleranz, die nur jemand haben kann, der weit über den eigenen Horizont geschaut hat und weiß, wie glücklich man sich schätzen kann, eine tolle, gesunde Familie zu haben. Und da ist auch die griechische Gelassenheit, von der die Behnkes meinen, es würde ihnen nicht gelingen, sie aus dem Urlaub in Griechenland mit in den deutschen Alltag zu nehmen.

Stolz sein, das hat Karsten von den Griechen gelernt. Er ist stolz auf seine Familie, die es geschafft hat, der griechischen Parallelwelt zu entfliehen, sich in den deutschen Alltag zu integrieren und nicht für einen Traum zu leben, sondern das Leben selbst als einen Traum zu begreifen, den man gestalten und täglich aufs Neue genießen kann: ob in Gevelsberg oder in Griechenland.

*Die Herzlichkeit und die Offenheit, mit der die Familie Behnke mich in Gevelsberg empfangen hat, berührt mich. Sie strahlt für mich auf das gesamte Ruhrgebiet ab und wirft ein besonderes Licht auf die Region und die Familien, die in ihr leben: ehemalige Gastarbeiter, ihre Nachfahren, erst kürzlich eingewanderte und schon lange in Deutschland lebende Menschen. Nicht nur jedes EU-Land, auch jede Region in jedem Land tickt anders. Jeder Europäer bringt eine andere Geschichte mit. Erst gemeinsam ergeben wir dieses große bunte Etwas, über das man lachen und an dem man verzweifeln kann, aber an das zu glauben sich in jedem Fall lohnt, weil es das ist, was uns ausmacht: Vielfalt.*

# In der Zukunft zu Hause

## Die deutsch-niederländische Familie Schenk, Brüssel, Belgien

*Brüssel, Belgien, März 2017: In der öffentlichen Wahrnehmung ist Brüssel zweierlei: die belgische Hauptstadt und die EU. »Brüssel« ist das Synonym für die EU und muss für all das herhalten, was schiefläuft in Europa: Finanz-, Euro-, Flüchtlings-, Griechenlandkrise oder Jugendarbeitslosigkeit, um nur einige Beispiele zu nennen. Dabei steht Brüssel für weitaus mehr: Es ist die einzige Metropole Europas, in der keine ethnische Bevölkerungsgruppe dominiert. Jeder Zugezogene kommt von irgendwo anders her – Belgier selbst machen nur einen Bruchteil der Brüsseler Bevölkerung aus. Aber genau das macht die Stadt im Kontext dieser europäischen Familienbetrachtungen so interessant. Zeigt sie uns einen Weg in die Zukunft? Bewegen wir uns auf ein Europa der Vielfalt zu, in dem Herkunft und nationale Bezüge immer weniger eine Rolle spielen? Ich suche nach einer Antwort bei den deutsch-niederländischen Schenks, die mit ihren vier Kindern in einem belebten Stadtviertel unweit der EU-Institutionen wohnen. Sowohl die Niederländerin Martine Fouwels, 46, als auch der Deutsche Peter Schenk, 49, sind Beamte bei der EU-Kommission – genau die Leute, die im Rest der EU verschrien sind für ihre vermeintlich hohen Gehälter, ihre Realitätsferne und die Durchsetzung von Verordnungen, die viele Europäer für überflüssig halten. Wer diese Menschen wirklich sind, wo sie herkommen und was Europa für sie bedeutet, will keiner so genau wissen. Leichter ist es, Vorurteile zu bemühen, wenn es darum geht, die EU und ihre Angestellten zu beurteilen. Wenn sie außerhalb von Brüssel unterwegs sind, haben EU-Beamte oft das Gefühl, sich besonders gut benehmen und verteidigen zu müssen. Wofür eigentlich? Gerade von ihnen lässt sich viel lernen: europäisch denken zum Beispiel.*

Als Schülerin in der niederländischen Sektion an der Europaschule Woluwé in Brüssel nimmt Martine Fouwels ihre deutschen Mitschüler auf dem Schulhof eher als brave Birkenstockträger wahr, die noch dazu aus dem großen Nachbarland kommen, auf das die Niederländer zu der Zeit nicht besonders gut zu sprechen sind. Es sind vage Gefühle, die teilweise noch aus dem Zweiten Weltkrieg herrühren. Heute muss sie darüber lachen, wenn sie sich an ihre Vorurteile von einst erinnert, und guckt zu ihrem Mann Peter Schenk, einem Deutschen, der am Kopfende des langen Familientisches sitzt. Ein Blick unter den Tisch bestätigt: Birkenstocksandalen hat er nicht an. Selbst wenn: Die Zeiten, in denen Martine sich über nationale Hintergründe Gedanken gemacht hat, liegen weit zurück.

Bereits Mitte der 1990er-Jahre steht für Martine fest, dass sie ihre akademischen Interessen, ihre große Ausdauer und Arbeitsbereitschaft in den Dienst der Europäischen Union stellen möchte. Ist sie als Niederländerin, die in Brüssel aufwächst, dafür prädestiniert? Als Martine die Europaschule in Woluwé besucht, besteht die EU aus den Gründerstaaten Deutschland, Belgien, Niederlande, Frankreich, Italien und Luxemburg, aus Dänemark, Großbritannien und Irland, die 1973 hinzukamen, Griechenland, das 1981 beitrat, Portugal und Spanien, die Mitte der 1980er-Jahre Mitglieder wurden. Mit Kindern all dieser Nationen teilt Martine in Brüssel »ihren« Schulhof. Aufgabe der Europaschulen, die immer da zu finden sind, wo es EU-Institutionen gibt, ist es, den Kindern der EU-Bediensteten eine Schullaufbahn in ihrer Muttersprache zu garantieren, damit sie bei der Bewerbung für einen Ausbildungs- oder Studienplatz in ihrem Herkunftsland keine Nachteile aufgrund des Dienstortes ihrer Eltern haben.

So einfach ist die Welt, als Martine 1976 eingeschult wird. Es gibt kaum Kinder, die Eltern aus unterschiedlichen EU-Ländern haben. Als Niederländerin geht sie in die niederländische Sektion, teilt zwar Schulgelände und manche Lehrer mit deutschen, französischen, italienischen und Kindern aus anderen

*Martine und Peter Schenk mit Anne, Laura, Sophie und Marcus (von links)*

EU-Mitgliedsstaaten, aber im Großen und Ganzen bleiben die Gruppen unter sich. Zum niederländischen Nationalfeiertag kleiden die *meisjes* und *jongens* sich in *Oranje*. »Wir fühlten uns sehr niederländisch«, sagt sie im Rückblick, »ja, ich muss sagen, es gab mehr Nationalbewusstsein, als man das von einer Europaschule erwarten würde. Bei den Fußballspielen ging es immer besonders zur Sache.« Zwar werden in einigen Fächern, zum Beispiel in Geografie, Geschichte und Sport, die Schüler verschiedener Sektionen gemeinsam unterrichtet, und es entstehen ab und zu internationale Freundschaften – Martine hat einige Freunde, die Deutsche sind –, aber die Vermischung hält sich in Grenzen. Als Fremdsprachen wählt Martine Englisch und Französisch. Statt einer vierten Sprache (Deutsch) wählt sie zusätzlichen Mathematikunterricht.

Gut 35 Jahre ist das her. Inzwischen hat Martine viel gelernt, Vorurteile sind gegenstandslos geworden, und die Nationalität ist nebensächlich. Ob jemand aus Deutschland, Dänemark oder Bulgarien kommt, ist für Brüsseler wie Martine und Peter belanglos. Ebenso offen stehen sie der Schulsprache ihrer Kinder gegenüber. »Für mich war bei der Einschulung unserer ältesten Tochter nicht wichtig, ob sie in die niederländische oder deutsche Sektion geht«, erklärt Martine, und Peter stimmt ihr zu. Kinder von in Brüssel lebenden Paaren aus EU-Gründerstaaten, wie die von Martine und Peter, lassen sich nicht mehr in Kategorien unterteilen: »Die Kinder, deren Eltern aus demselben Land kommen, stellen die Minderheit dar«, sagt Peter – und er muss es wissen: Mit vier Sprösslingen zwischen fünf und zehn Jahren an zwei Europaschulen in deutschen und niederländischen Sektionen und im französischsprachigen EU-Kommissions-Kindergarten haben die Schenks einen guten Überblick über die Lage. Etwas Entscheidendes ist passiert, seit Martine 1989 ihr Abitur absolvierte. Es ist nicht allein die Anzahl an Schülern aus den neuen EU-Mitgliedsstaaten, deren Sektionen noch im Aufbau sind und die in anderen Sprachzügen mitmischen, die für diese Entwicklung verantwortlich sind. Das Herkunftsland, wenn überhaupt zu ermitteln, spielt in den Köpfen der EU-Mitarbeiter, deren Kinder die Schule besuchen, eine immer geringere Rolle. Ob ihre Kinder in der deutschen, französischen oder niederländischen Sektion unterrichtet werden, scheint nicht von Belang. Die meisten Eltern gehen davon aus, dass sie diese Sprachen ganz selbstverständlich beherrschen. Das Gefühl, einer bestimmten Nationalität anzugehören, ist für die Kinder dieser Generation, anders als für die in den 1980er-Jahren, von geringerer Bedeutung.

Im Hause Schenk mischen sich die Sprachen im Alltag. Jeder Elternteil kommuniziert mit den Kindern in seiner Muttersprache, Martine und Peter untereinander auf Niederländisch, das Au-pair-Mädchen steuert Französisch bei und wenn Besuch kommt, wird auch mal auf Englisch umgeschaltet. »Sprache und nationale Kultur«, sagt Martine, die sich fließend in vier Sprachen unterhalten kann, »sind für mich nicht so wichtig. Für mich zählen vor allem menschliche Werte.«

Als Martine ihr Abitur in der Tasche hat, geht sie zum Studium nach Leiden. »Ich habe mich als Holländerin gesehen und dachte auch, ich spreche Holländisch – bis ich nach Leiden kam.« Im Studentenwohnheim merkt sie, dass Kommilitonen Ausdrücke benutzen, die sie vorher noch nie gehört hat. Andersherum stellen Mitstudenten bei ihr Wörter in Kombination mit einer Aussprache fest, die ihnen fremd vorkommen. Manche halten sie für eine Belgierin. »In Leiden habe ich gemerkt, dass mir irgendetwas gefehlt hat«, sagt Martine. Sie weiß nicht genau, was es ist, aber durch das schubladenhafte Denken fühlt sie sich eingeengt.

Peter ist zu diesem Zeitpunkt in sein VWL-Studium in München vertieft. Er hat bis zu seinem elften Lebensjahr mit seinen Eltern im Ausland gelebt und ist, wenn man so will, auf drei verschiedenen Kontinenten aufgewachsen: geboren auf den Philippinen, verbringt er seine Kindheit in den USA und in Schweden. Als er von der kleinen Schule in Stockholm auf eine mit mehr als tausend Schülern um vieles größere in Sankt Augustin bei Bonn wechselt, wird das, was er bisher intuitiv über Deutschland gelernt hatte, einem Realitätscheck unterzogen: Er gewöhnt sich schnell an die neue Umgebung, wird sich aber auch bewusst, dass er gemeinsam mit seinen Mitschülern im Ausland Deutschland idealisiert hat. Als er sein Studium beendet, verspürt er den Drang, wieder in die Welt hinauszugehen.

Martine, die in Leiden Internationale Politik und Jura studiert, erwägt eine Karriere im Auswärtigen Amt in den Niederlanden. Parallel dazu entdeckt sie durch Zufall ein Studienprogramm am College of Europe im belgischen Brügge, das sich Europastudien widmet. Studenten aus ganz Europa und darüber hinaus konkurrieren um die wenigen Plätze an diesem College, das in Brüssel einen hervorragenden Ruf genießt. »Das könnte was sein«, denkt Martine, während sie noch die Bewerbung für das Auswärtige Amt formuliert. Als sie dorthin zum Vorstellungsgespräch eingeladen wird, merkt sie, dass sie sich gar nicht freuen kann: »Ich hatte mich überhaupt nicht auf das Gespräch im Auswärtigen Amt vorbereitet, was sonst gar nicht meine Art ist. Bis mir klar wurde, dass ich dort gar nicht arbeiten wollte.« Martine erteilt dem Auswärtigen Amt eine Absage und geht nach Brügge, wo sie ein Jahr lang am renommierten College of Europe studiert.

»Als ich in Brügge war, wusste ich endlich, was mir all die Jahre in Leiden gefehlt hat: das Miteinander mit anderen Nationen«, berichtet Martine. »Im internationalen Umfeld begegnet man sich vorurteilsfrei auf Augenhöhe. Die nationalen Parameter zählen nicht mehr. In Brügge hatte ich eine Freundin aus Spanien, mit der ich mich sehr gut verstanden habe. Ein anderer Spanier versuchte seine Landsmännin bei mir schlecht zu machen. Sie komme vom Lande, das höre man an ihrem Dialekt.« In dem Moment wird Martine bewusst, dass sie ihre Umgebung nicht an nationalen Parametern misst, sondern den Leuten »einfach nur als Menschen« begegnet. »Für mich zählen globale Werte wie Toleranz, Hilfsbereitschaft, Humor und Ehrlichkeit«, sagt sie, »nicht, wo jemand aufgewachsen ist oder ob er einen Dialekt spricht.«

Auf der Suche nach einem Studiengang im Ausland stößt auch Peter auf das College of Europe. Zwei Jahre vor Martine absolviert er den einjährigen Magisterkurs. Auch er kommt auf den europäischen Geschmack, aber geht zunächst zurück nach Deutschland. »Vor meinem Studium in Brügge war ich nicht so auf die EU fixiert«, erinnert sich Peter, »erst da ist mir richtig klargeworden, wie Europa funktioniert und in welch spannendem Umfeld man in Brüssel arbeiten kann.« Er behält die Option im Hinterkopf und beginnt eine Tätigkeit im Bonner Wirtschaftsministerium. Von Bonn aus nimmt er an EU-Auswahlverfahren teil, über die die begehrten Jobs in den EU-Institutionen vergeben werden. Drei *Concours*, komplexe, dreistufige Testverfahren, durchläuft Peter, bevor er, so wie Martine, es auf die Reserveliste schafft und schließlich ein Arbeitsangebot der EU-Kommission erhält. Zur gleichen Zeit plant das Wirtschaftsministerium den Umzug nach Berlin – er hat die Wahl zwischen der damals neuen deutschen und der belgischen Hauptstadt. »Berlin fand ich auch reizvoll«, sagt Peter rückblickend, »zumal sich über das Wirtschaftsministerium auch Möglichkeiten ergeben hätten, ins Ausland zu gehen. Aber in Brüssel hatte ich aus meiner Brügger Zeit ein gutes Netzwerk und viele Freunde.« Er entscheidet sich für den Ruf ins Ausland. So landen Martine und Peter bei der EU-Kommission in Brüssel.

Haben sie die richtige Wahl getroffen? Für ihre persönliche Familiengeschichte muss die Frage bejaht werden. Ohne den Wunsch, für die EU zu arbeiten, gäbe es die Schenks nicht. Martine und Peter sitzen an ihrem langen Esstisch, an dem für viele Hungrige Platz ist. Über die gemusterte Wachstuchdecke rollt ein zerbeulter Hockeyball, den der jüngste Sprössling der Familie dort liegengelassen hat, bevor er seinen Schwestern ins Spielzimmer gefolgt ist. Man hört das Klappern von Spielzeug und niederländisch sprechende Kinderstimmen aus der oberen Etage. Wäre die Stimmung an einem anderen Ort ähnlich gelassen? Könnten die Kinder die verschiedenen Sprachen mit vergleichbarer Leichtigkeit lernen und im täglichen Gebrauch anwenden? Martine und Peter fällt kein anderer Ort ein. »Für gemischte Paare ist es sehr bequem, hier zu wohnen«, sagt Martine. »Viele haben ähnliche Geschichten, und die meisten von uns sind in der einen oder anderen Form gemischt.« Für Kommissionsbeamte wirkt es aber manchmal wie ein kleines Dorf. »Manche nennen es eine Blase.« Die Kinder haben zwar Kontakt zu fast allen europäischen Nationalitäten, aber zu anderen eben weniger. »Im globalen Vergleich sind wir Europäer ja eine ziemlich homogene Gruppe. Aber was ist mit dem ganzen Rest?«, fragt sie. Es gebe Schulen in Brüssel, die mit Kindern afrikanischen, amerikanischen und asiatischen Ursprungs weitaus internationaler seien als die Europaschulen.

Die Unterschiede zwischen den Europäern, man merkt es, sind für Martine nicht der Rede wert. Für sie ist auch nicht entscheidend, wer ihren Kindern im Dezember die Geschenke überbringt: Sinterklaas oder der Weihnachtsmann. Nationale Kultur werde im Kontext der Menschheitsgeschichte überbewertet, sagt sie. Kultur gehe doch viel weiter zurück als die Gründung einer Nation oder die Entwicklung von Traditionen und Bräuchen. Am anderen Ende des Tisches wird es auffallend ruhig. »Ich weiß, dass Peter das anders sieht. Für ihn sind Traditionen wichtiger«, gibt Martine zu. Sind Martine und Peter zwei typische Vertreter der unterschiedlichen Geschwindigkeiten, die im Kontext der EU-Zukunftsdebatte so oft erwähnt werden? Martine, die intellektuelle Raserin, die in wesentlichen Punkten Akzente setzen will, und Peter, der alles etwas differenzierter sieht und auf Unterschieden besteht? Oder ist es eine Frage der Gewichtung?

»Ich denke auch, dass wir Europa mehr als Wertegemeinschaft betrachten sollten, zu der wir alle etwas beisteuern können, denn die Werte gelten unabhängig von nationalen Kriterien«, erklärt Peter, »aber ich sehe durchaus auch Unterschiede zwischen den Kulturen und den Nationen, die im Alltag eine Rolle spielen und die ich auch für wichtig erachte.«

Bei ihrer Arbeit in der Kommission, wo jedes Team aus einem bunten Nationalitätengemisch besteht, bekommen Martine und Peter täglich die unterschiedlichen Arbeitsweisen ihrer Kollegen aus den 28 Mitgliedsstaaten zu spüren. Die EU-Kommission bietet Fortbildungen an, in denen sie ihre Mitarbeiter über die verschiedenen Arten der Kommunikation aufklärt, die in den jeweiligen Ländern gängig sind. Wenn ein Deutscher sagt: »Wir treffen uns um 15 Uhr«, dann meint er das auch so. Zwar ließen sich nicht alle über einen Kamm scheren, aber gewisse Stereotype würden sich manchmal bestätigt finden. »Die Südeuropäer setzen oft mehr auf Kreativität und Improvisation, die Nordlichter legen mehr Wert auf Disziplin und Ordnung«, formuliert Martine es diplomatisch. Auch ob Treffen pünktlich beginnen und enden, Fristen eingehalten würden, hänge oft von der Nationalität des jeweils Zuständigen ab.

»Dabei muss man sagen, dass wir enorm voneinander profitieren«, sagt Peter, »die Kollegen tragen mit ihren unterschiedlichen Perspektiven wirklich zu komplexen Problemlösungen bei. Ohne diese Vielfalt wäre es gar nicht möglich, den Anforderungen, die die Kommission an ihre Mitarbeiter stellt, gerecht zu werden.« Schließlich haben die Bediensteten den Auftrag, gesamteuropäisch zu denken und Probleme auf eine Art und Weise zu lösen, die im Interesse aller Mitgliedsstaaten ist. Es sei schade, dass die Errungenschaften der EU so wenig bekannt sind, bedauert Martine. Erst kürzlich habe sie sich mit einer Frau ausgetauscht, die von der Werbung für die Firma schwärmte, für die sie arbeitet. »Ich arbeite für Europa«, habe Martine geantwortet, »dafür gibt es leider keine Werbung.« Dabei sei so viel auf »Brüssel« zurückzuführen: neben Frieden auch täglich spürbare Errungenschaften wie niedrigere Tarife beim Roaming, grenzüberschreitende Gemeinschaftsprojekte oder der Austausch von neun Millionen Studenten. »Wichtige Sachen, aber keiner weiß, dass sie von uns kommen!«

Das Bild von »Brüssel« als handlungsunfähigem Bürokratiemonster dominiert die öffentliche Wahrnehmung. Aber es scheint, als würde die EU-Kommission aus ihrer defensiven Haltung erwachen. Mit seinen im März veröffentlichten fünf möglichen Zukunftsszenarien für die EU spielt Kommissionschef Juncker den Ball der Verantwortung zurück in die EU-Hauptstädte. Gleichzeitig rüttelt der Brexit die Europäer wach. Immer mehr von ihnen realisieren, was sie an der EU haben und was fehlen würde, wenn der Staatenbund zusammenbricht. Martine bleibt optimistisch: »Die EU wächst in Krisen über sich hinaus. Ich bin zuversichtlich, dass wir es auch dieses Mal schaffen.« Peter glaubt, dass die EU sich stärker auf die großen Probleme konzentrieren muss, bei denen es jedem einleuchte, dass sie gemeinsam besser gelöst werden könnten, wie zum Beispiel die Sicherheit, die Flüchtlingsfrage oder den Umweltschutz. Martine wünscht sich eine stärkere Kompromissbereitschaft der Regierungschefs. Wer Teil des Projekts sein möchte, müsse Einsatz zeigen und Bereitschaft dazu, Abstriche zu machen: »Es ist das, was ich meinen Kindern jeden Tag aufs Neue sage: Ihr müsst Kompromisse eingehen, wenn ihr euch nicht einigen könnt.«

Der Vergleich passt: Die EU als internationale Großfamilie. Letztlich sind die europäischen Staaten wie Geschwister miteinander groß geworden. »Brüssel« übernimmt die Funktion der Eltern, die dafür sorgen, dass ihre Sprösslinge sich in Freiheit, Frieden und materiell abgesichert entfalten können. Für ihre eigene Familie gibt Martine zu: »Wir haben auch so manche Krise durchzustehen, wenn alle vier Kinder sich in der Wolle haben. So richtig weiß ich noch immer nicht, wie ich in so einer Auseinandersetzung vermitteln soll. Inwieweit soll man sich da einmischen? Kann man den Kindern zutrauen, ihre Streitigkeiten selber zu lösen?« Es sind diese ganz alltäglichen Probleme, die die Familie Schenk mit der EU gemeinsam hat: Meinungsverschiedenheiten klären, Kompromisse finden, die Älteren dazu anleiten, mehr Verständnis aufzubringen und den Jüngeren ein Vorbild zu sein. So wie Sophie, Laura, Anne und Marcus Schenk hat auch jedes EU-Land seine eigenen Erwartungen und Vorstellungen. Können sie alle erfüllt werden? Vielleicht wäre das gar nicht nötig, wenn man sich im Verbund auf die großen Probleme konzentriert und die kleinen auf Länderebene angeht – genauso wie Martine und Peter bemüht sind, möglichst wenig bei ihren Kindern einzugreifen und nur da Regeln einführen, wo wirklich welche vonnöten sind.

Der Vorteil der Schenks ist, dass sie multilingual und -kulturell aufgewachsen sind und gelernt haben zu differenzieren und andere Standpunkte einzunehmen. Sie sind permanent von anderen Sprachen und Perspektiven umgeben. Die Idealisierung der eigenen Nationalität, die Martine und Peter als Heranwachsende im Ausland gespürt haben, ist unter den bunt gemischten Europafamilien in Brüssel kaum noch zu finden. Ist das die

Zukunft? Ein gemeinsames Miteinander auf Basis derselben Werte und unter Berücksichtigung unserer kulturellen Unterschiede? Denn die prägen auch das Zuhause der Schenks: Martines freie, offene Art und Peters Faible für die Traditionen – ohne diese Vielfalt an unterschiedlichen Einstellungen und Denkansätzen würde es schnell langweilig. Es sind die vielen Unterschiede im Kleinen und die auf den gemeinsamen Werten basierenden Übereinstimmungen im Großen, die die deutsch-niederländische Familie Schenk und auch die EU ausmachen.

*Bei Martine und Peter kann man sehen, wie das geht: europäisch leben und denken. Sie beurteilen andere Menschen nicht nach ihrer Herkunft, sondern nach ihren Gedanken oder ihren charakterlichen Eigenschaften. So wird ein Leben in Vielfalt ohne Diskriminierung möglich. Das Gefühl, europäische Vielfalt zu vermissen, das Martine in Leiden überkam und das sie zunächst nicht deuten konnte – wie stark würde es erst ihre mehrsprachigen Kinder treffen, wenn sie in eine Umgebung kommen, die nicht so international ist wie Brüssel? Es ist doch eigentlich die beste Voraussetzung für die Zukunft der EU: zu wissen, dass man erst komplett ist, wenn die anderen auch dabei sind.*

HAFTUNGSAUSSCHLUSS
Die im Artikel vertretenen Standpunkte geben die Ansichten der Befragten wieder; sie stellen keinesfalls den offiziellen Standpunkt der Europäischen Kommission dar.

**EUROPAKINDER**

# Wenn nationale Identitäten verschwimmen

Kinder, die aus Europafamilien hervorgehen, werden in die multikulturelle Welt hineingeboren, die ihre Eltern aufgebaut haben. Für sie ist es normal, wenn Mutter und Vater unterschiedliche Sprachen sprechen und die Großeltern in einem Land leben, das man nur mit dem Flugzeug erreicht. Dass sie in mehr als einem Land beheimatet sind, hinterfragen sie nicht, denn sie kennen es nicht anders. Erst im Erwachsenenalter fällt den Europakindern auf, dass sie anders groß geworden sind als viele ihrer Freunde und Nachbarn.

Ob das etwas Gutes ist oder nicht, darüber sind sich die Europakinder, die in diesem Buch zu Wort kommen, einig. Sie empfinden ihre Binationalität zweifellos als eine Bereicherung. Viele zieht es hinaus in die Welt, weil sie neugierig sind und weil sie weitere Kulturen kennenlernen möchten. Sie haben keine Berührungsängste mit dem Ausland. Anderen Fremdsprachen, so scheint es, öffnen sie sich leichter. »Ich habe das Bedürfnis, die Menschen in ihrer eigenen Sprache zu verstehen«, sagt die Deutsch-Griechin Rebecca, die viele Sprachen fließend beherrscht. Es hat etwas damit zu tun, dass eine Kultur am besten über ihre eigene Sprache wahrnehmbar und zu verstehen ist.

»Mir ist als Kind nie aufgefallen, dass meine Mutter manchmal grammatikalisch falsches Deutsch gesprochen hat«, reflektiert Christian, der mit einer schwedischen Mutter und einem deutschen Vater aufgewachsen ist. Dennoch kann er sich sehr gut auf Schwedisch ausdrücken, weil seine Mutter immer mit ihm schwedisch gesprochen hat. Dass die Sprachen der Eltern mit Leichtigkeit, quasi per Geburt an die nächste Generation weitergegeben werden, ist hingegen ein Irrglaube. Wenn Kinder eine Sprache nur zum Frühstück, kurz vor dem Zubettgehen oder am Wochenende hören, reicht es meist nur, um zu verstehen, nicht aber, um sich selbst auszudrücken.

Ich sehe noch den Großonkel meines Partners vor mir, der den Kopf schüttelte, als wir ihm stolz unser erstes Baby präsentierten und er mit Schrecken feststellte, dass ich deutsch mit ihm sprach, während James es auf Englisch anredete. »Das wird nichts«, sagte er, »das geht nicht. Wie soll denn ein Kind begreifen, dass ein *table* auch ein Tisch ist und ein *tree* ein Baum? Das Kind wird schizophren. Entweder ist es ein *table* oder eben nicht. Beides kann doch gar nicht gehen.« Doch, es geht – und in Brüssel, wo wir derzeit leben, wachsen viele Kinder mit drei oder vier Sprachen auf.

Als ich zur Schule ging, war die Einstellung des Großonkels meines Partners auch in Deutschland noch weit verbreitet. Die Mutter des Halbschweden Christian wurde von seiner Grundschullehrerin dazu angehalten, sich doch bitte auf eine Sprache zu konzentrieren, um die Sprachentwicklung ihres Sohnes nicht zu stören. Inzwischen hat die Mehrsprachigkeit einen ganz anderen Stellenwert in der Gesellschaft erreicht. Viele Eltern bemühen sich, ihre Kinder möglichst früh mit anderen Sprachen in Kontakt zu bringen. Kitas mit mehrsprachigem Angebot erfreuen sich überall großer Beliebtheit.

Das Aufwachsen mit mehr als einer Sprache und Kultur kann aber auch Verwirrung stiften. »Bin ich Deutscher oder Spanier?«, fragt der zehnjährige Mika seine spanische Mutter. Wenn sie älter werden, stellt sich Europakindern die Frage meist nicht mehr. Sie würden sich selbst nicht in eine Schublade stecken. Ihre Identität kann sich auch mit der Umgebung ändern. »In Belgien fühlte ich mich sehr griechisch«, sagt mir Rebecca, während in Griechenland das, was als deutsch an ihr wahrgenommen wird, stärker in den Vordergrund rücke.

In Brüssel kommen Europakinder der zweiten oder dritten Generation auf die Welt. In diesem Umfeld verschwimmen kulturelle Grenzen und nationale Identitäten: Welche Nationalität würde man dem Kind eines Deutsch-Spaniers und eines Frankobelgiers zuordnen? Setzen Europäer auf diese Weise Kinder in die Welt, die sich in keinem Land mehr verorten können und Herkunftslose werden? Nein, würde meine Brüsseler Familie sagen. Diese Art des Aufwachsens macht den Blick frei für die Dinge, auf die es ankommt im Leben: Liebe, Gesundheit, Frieden, Sicherheit, Gerechtigkeit.

Europakind Ana, eine Deutsch-Spanierin, die in Katalonien aufgewachsen ist und mit ihrem australischen Mann in England lebt, drückt es so aus: »Eigentlich fühle ich mich überall zu Hause.« Solange gewisse Grundvoraussetzungen erfüllt sind und die Menschen unsere Werte achten, könnte man hinzufügen.

# »Ich komme aus der Welt«
## Aleksandra Muther, 17 Jahre alt,
## Deutsche und Polin

*Aleksandra Muther ist Abiturientin an der deutschen Schule in Warschau. Sie ist in Poznań geboren und zog als Kleinkind mit ihrer polnischen Mutter und ihrem deutschen Vater nach Berlin. Noch bevor sie eingeschult wurde, ging die Familie zurück nach Polen. In Warschau machte Aleks Erfahrungen mit dem deutschen und dem polnischen Schulsystem. Die Geschichte ihrer Eltern wird im Abschnitt »Europafamilien« erzählt.*

Wenn man mich fragt, wo ich herkomme, dann sage ich: »Aus der Welt.« Ich sehe mich nicht als polnisch oder deutsch. Wenn ich nicht in Warschau bin, dann vermisse ich es auch nicht. Beim Fußball allerdings fühle ich mich schon deutsch. Und auch, wenn ich bei meiner deutschen Oma bin. Sonst nicht.

Einige Deutsche haben keine gute Meinung von Polen. Wenn ich irgendwelche Vorurteile höre, sage ich immer: Wir klauen keine Autos. Die Polen sind sehr patriotisch. Das heißt nicht, dass sie andere Kulturen nicht schätzen, sie brauchen einfach etwas länger, um sich Neuem zu öffnen. Vielleicht müssen sie Dinge erst ein paar Mal probieren, bevor sie sie annehmen. Die Polen haben ein großes Interesse daran, dass andere sie mögen. Frauen legen Wert darauf, wie sie aussehen und was sie anhaben. Man ist darauf bedacht, sich gut zu präsentieren und positiv darzustellen. Alles muss tipptopp aufgeräumt sein, wenn Besuch kommt. Auch die Zimmer, in die die Gäste nicht gehen. Wichtig ist für Polen gutes und viel Essen, auch Suppen.

Es gibt polnische Feiertage, die die Deutschen nicht kennen. Andersherum kennen Polen manche deutsche Feiertage nicht, den Tag der Deutschen Einheit zum Beispiel. In Polen ist der 1. November, Allerheiligen, sehr wichtig. An diesem Tag gehen alle zu den Verstorbenen, an die Gräber. Der ganze Friedhof ist in Kerzenschein gehüllt. Das sieht so schön aus. An diesem Tag ist man mit seiner Familie zusammen. Alle machen das. Im Radio werden langsame Lieder gespielt und es gibt viel zu essen, viel Kuchen vor allem, das ist wichtig.

Ich bin in Poznań geboren und dann mit meinen Eltern nach Berlin gezogen. Im Kindergarten und auch sonst habe ich in Berlin nur deutsch gesprochen. Meine Mutter hatte schon Angst, dass ich kein Polnisch lerne. Als ich vier war, sind wir nach Warschau gezogen, wo ich in den polnischen Kindergarten gekommen bin. Die Sprache kam dann sehr schnell. Als ich in der deutschen Schule in Warschau eingeschult wurde, war ich erst mal irritiert. Nicht wegen der Sprache. Im polnischen Kindergarten hatte ich gelernt, dass Kinder in der Schule ordentlich in Reihen sitzen. Der Lehrer stellt eine Autorität dar. An der deutschen Schule gab es Tischinseln oder Gruppenkreise auf dem Boden. Es war sehr viel Bewegung im Klassenzimmer, alles war interaktiv. Unsere Lehrerin hat uns gesagt, dass jedes Kind etwas Besonderes ist. Das kannte ich aus dem polnischen Kindergarten nicht, aber es hat mir gefallen.

Nach der vierten Klasse bin ich auf die polnische Schule gewechselt, weil die näher war. Eigentlich wollte ich das Jahr wiederholen, weil ich zu jung war, aber das hat die polnische Schule nicht erlaubt. Mein Polnisch war nicht mehr so gut, vor allem kannte ich das »Straßenpolnisch« nicht, das meine Klassenkameraden sprachen. Ich war auch nicht mit den ganzen Basics vertraut, die die anderen kannten, also der polnischen Nationalhymne zum Beispiel. Ich fühlte mich so, als wäre ich nicht schlau genug. Es war ein großer Schock. Ich habe weder von den Lehrern noch von meinen Mitschülern Unterstützung erfahren. Die Kinder waren ganz anders. Sie haben mich geärgert, weil mein Vater deutsch ist. »Du gehst am Wochenende mit Hitler Kaffee trinken«, haben sie zu mir gesagt. Ich habe versucht, das alles mit mir selber auszumachen, aber ich war viel und lange krank, weil ich der Schule fernbleiben wollte.

*Aleksandra Muther*

Ich habe probiert, die Sticheleien zu ignorieren. Wie schade, dachte ich, dass die anderen mich auslachen, obwohl ich ganz neu bin und ganz alleine komme. Ich war vorher auf der deutschen Schule, das ist doch eigentlich was ganz Besonderes – aber keiner hat mich unterstützt, wie schade ist das denn? Ich hatte keine wirklichen Freunde, die waren einfach anders.

Irgendwann habe ich es meinen Eltern doch gesagt. Mein Vater ist gleich in die Schule gegangen. Er hat den Geschichtslehrer konfrontiert, der eine Abneigung gegen Deutsche zu haben schien und das auch in Verbindung mit dem historischen Kontext im Unterricht hervorgehoben hat. Mein Vater hat den Lehrer in seinem holprigen Polnisch gefragt, was er von mir wolle. Der Lehrer war total verwirrt. Ich glaube, er war überrascht, dass mein Vater als Deutscher so normal aussah und sogar Polnisch sprach. In Polen war es zu der Zeit nicht üblich, dass Eltern in die Schule kamen und sich beschwerten. An der deutschen Schule schon. Es sind zwei verschiedene Welten.

Ich habe mich lange Zeit dafür geschämt, dass ich deutsch bin. Ich war nicht sauer auf meine Eltern, ich habe es nur nicht verstanden. Wenn ich nur polnisch gewesen wäre, hätte alles viel einfacher sein können. Ich habe dann mit einem Psychologen über meine Zeit an der polnischen Schule gesprochen. Erst war ich wütend, dass ich das alles noch mal erzählen musste, aber danach war es gut. Ich bin stärker geworden dadurch, besser vorbereitet auf die Welt.

Ich habe das Schuljahr an der polnischen Schule noch beendet und bin dann wieder auf die deutsche Schule gewechselt. Da wird man geschützt. Jedes Kind ist in einer Box, es ist das andere Extrem. Man wird nicht wirklich aufs Leben vorbereitet. Die Kinder werden überall hingefahren. Ich war die Erste in der Klasse, die allein mit dem Bus gekommen ist. Nach und nach sind andere meinem Beispiel gefolgt. Aber insgesamt ist diese Schule besser für mich. Das glaube ich. Ich bin jemand, der eher vorn steht und seinen Weg geht. Die deutsche Schule lässt mich das machen. An der polnischen ginge das nicht. Dort haben die Lehrer eine viel größere Autorität. Man muss viel auswendig lernen und Daten sind ein Lieblingsthema. Es hat sich für mich auch so angefühlt, als müsste ich ständig dankbar sein, dass ich dort lernen darf, weil es früher anders war und nicht alle lernen durften. Das wird von Generation zu Generation weitergegeben. Die deutsche Schule ist lockerer. Wir machen viele Witze. Aber ob ich mich deshalb privilegiert fühle? Das ist ein komisches Wort, das klingt nach amerikanischer Elite-Uni. Ich fühle mich nicht besser als andere. Die Leute aus meiner Klasse sind alle ganz anders, jeder geht seinen Weg, jeder ist anders. Das finde ich toll, wir sind alle Individualisten.

Wenn ich mit dem Taxi zur Schule fahre, was nicht oft passiert, aber manchmal, wenn ich meine Bahn verpasse, dann fragen mich Taxifahrer ab und zu: »Warum gehst du auf diese Schule? Warum ist die besser?« Die deutsche Schule ist für mich besser. Warum bewerten die Leute etwas, ohne zu wissen, worüber sie sprechen? Oft kommt auch der Kommentar, dass alle superreich sind an der deutschen Schule, was gar nicht stimmt. Wenn ich mit Freunden in der Bahn oder im Bus deutsch spreche, dann lästern andere Leute über uns. Wenn wir dann auf Polnisch umschwenken, dann gucken sie komisch. Aber Anfeindungen wie in der Grundschule habe ich nie wieder so intensiv erlebt. Ich bin jetzt besser vorbereitet und weiß, wie ich reagieren muss. Man kann nicht mit jedem befreundet sein.

Für mich sind Sprachen wichtig. Ich benutze drei Sprachen, egal mit wem ich spreche. Es gibt Momente, da weiß ich manche Wörter nur in einer Sprache. Dann nehme ich die. Wenn ich polnische Aufsätze schreibe, dann benutze ich den deutschen Satzbau und andersrum. Das ist ganz komisch. Ich schreibe am liebsten auf Englisch. Ich finde, die englische Sprache eignet sich am besten dafür, Situationen so wiederzugeben, wie ich sie beschreiben will. Ich mag den Klang. Ich spreche drei Sprachen, aber keine perfekt. So bin ich.

Mein Traum ist es, nach dem Abi in die USA zu gehen. Der Gedanke ist auch etwas gruselig, weil es so weit weg ist. Da könnte ich dann nicht mal schnell mit dem Auto vorbeikommen. Aber ich glaube, wenn ich da wäre, würde ich Warschau nicht vermissen. Aber nicht in der Lage zu sein, mal eben zu kommen, das fände ich schon schwierig. Aber mein Traum ist es. Mich zieht es in die USA.

## »Mit nur einem Land wäre ich niemals ich«

### Rebecca Meletiadis, 28 Jahre alt, Deutsche und Griechin

*Rebecca Meletiadis ist Flötistin und Musikpädagogin. Sie lebt in Leuven, in Belgien. Sie ist eine der ersten Suzuki-Querflötenlehrerinnen in Belgien. Ihre deutsche Mutter und ihr griechischer Vater lernten sich in den 1980er-Jahren in Herford kennen, wo sich ihr Vater, ein Arzt, zum Internisten ausbilden ließ. Auf Drängen der Mutter, einer leidenschaftlichen Griechenland-Liebhaberin, zog die Familie Anfang der 1990er-Jahre nach Kavala in Nordgriechenland, wo Rebecca mit ihrer älteren Schwester und ihrem jüngeren Bruder aufwuchs. Ihre Geschwister leben heute in Köln und Prag. Rebecca spricht fließend Deutsch, Griechisch, Englisch, Portugiesisch, Niederländisch und Französisch. Spanisch und Italienisch versteht sie. Arabisch lernt sie zurzeit.*

Ich bin im Schwarzwald geboren und war vier Jahre alt, als wir nach Griechenland gezogen sind. Meine Geschwister und ich sind am Anfang sehr aufgefallen: Wir waren die einzigen blonden Kinder im Ort und konnten nur wenig Griechisch. Die Griechen sprechen das rollende R, das konnten wir zunächst nicht, und deshalb hörte man bei jedem Satz, dass wir Ausländer sind. Ich erinnere mich auch an eine sehr dramatische Geschichte, die mit unserem deutschen Hintergrund zu tun hatte: Meine Schwester wurde einmal auf dem Nachhauseweg von Nachbarkindern verprügelt. In ihrer Klasse hatten sie gerade über den Zweiten Weltkrieg gesprochen. Zu der Zeit wurde Geschichte in Griechenland nicht neutral unterrichtet. Die Deutschen galten als die schlechten Menschen, und das hat meine Schwester dann zu spüren bekommen. Mein Vater ist noch an demselben Nachmittag in die Schule gegangen, um

*Rebecca Meletiadis*

den Vorfall zu melden. Danach hatten wir nie wieder derartige Probleme, aber die Episode hat uns doch gezeigt, wie in manchen griechischen Familien über Deutsche gedacht wurde.

Es war eine frühe Lektion in Sachen Toleranz, kann man sagen, denn unsere Mutter hat uns damals erklärt, dass Kinder zumeist das wiedergeben, was sie zu Hause aufschnappen, es selber aber vielleicht nicht so meinen. Und dass wir als Deutsch-Griechen etwas anders sind als Vollgriechen – wobei wir uns nie halb gefühlt haben, sondern voll, also volldeutsch und vollgriechisch, 200 Prozent sozusagen –, aber dass jeder irgendwo vielleicht Besonderheiten hat, die man tolerieren muss. Meine Schwester wurde später Klassensprecherin, und die anderen Schüler hatten großen Respekt vor ihr.

In der Nachbarschaft waren wir extrem beliebt, weil wir Dinge im Garten hatten, die griechische Kinder nicht kannten: eine Sandkiste zum Beispiel. Meistens waren alle Kinder bei uns und wir haben alle zusammen gespielt. Draußen zu sein war überhaupt ein ganz wesentlicher Faktor meines Aufwachsens. Ich habe im Freien gespielt, bis ich 17 Jahre alt wurde und nach Belgien gezogen bin. Wenn ich jetzt für eine Woche nach Hause komme, tanke ich für ein ganzes Jahr Energie. Die Natur in Griechenland ist so reichhaltig und schön. Wir wohnten nur 30 Meter vom Meer entfernt, ich liebe das Meer, da fühle ich mich zu Hause. In Belgien gibt es so viel Beton und Straßen. Meine Wohnung hier gleicht einem Dschungel, überall stehen Pflanzen, trotzdem vermisse ich die griechische Natur. Aber wenn ich zu lange in Griechenland bin, dann vermisse ich meine Arbeit in Belgien, die Kinder, die ich unterrichte, die Kollegen, mit denen ich gemeinsam musiziere, und die Musik insgesamt. In Brüssel kommen so viele kulturelle Einflüsse zusammen, da begegnet man Musikern und Musik aus der ganzen Welt. Deshalb fühle ich mich in Belgien sehr wohl.

Als ich mit 17 Jahren als Studentin herkam, habe ich mich sehr griechisch gefühlt. In der Schule habe ich gelernt, dass man nachfragen oder widersprechen und im Gespräch mit Lehrern kritisch sein darf. In Belgien hat mir diese Einstellung sehr viele Probleme bereitet. Nach dem Warum zu fragen und die Dinge nicht einfach so zu akzeptieren, ist hier an der Uni nicht erwünscht. Andererseits hat Belgien mich gelehrt, dass Griechenland nicht das Paradies ist, für das ich es immer gehalten habe.

Ich fing an, mich in Griechenland über Dinge zu ärgern, die in Belgien gut geregelt sind. Zum Beispiel darüber, dass man in Griechenland auf Ämtern keine Nummern zieht, sondern die Leute sich streiten, wer zuerst da war. Oder dass man in Griechenland lange Zeit keinen Müll getrennt hat und die Leute ihren Abfall oft einfach aus dem Auto schmeißen. Wenn die Müllabfuhr streikt, dann bleibt der Müll auch mal wochenlang einfach liegen.

In Belgien kam meine deutsche Seite wieder etwas stärker zum Vorschein. Das lag auch daran, dass ich anfing, an der deutschen Schule zu unterrichten. Da musste ich nach sehr langer Zeit wieder einmal einen deutschen Text schreiben, was mir sehr schwer gefallen ist. Meine Mutter hat mir in der ersten Zeit sehr geholfen. Nach und nach kam dann alles wieder, vielleicht auch, weil ich sehr viel mit kleinen Kindern zu tun habe. Die haben mich an meine frühe Kindheit in Deutschland erinnert und – weil ich inzwischen selbst in dem Alter bin – an Mutter-Kind-Beziehungen, die ich natürlich mit meiner deutschen Mutter verbinde. Es gibt viele Wörter, die mit der Liebe zwischen einer Mutter und ihrem Kind zu tun haben, die ich nicht auf Griechisch sagen könnte: schmusen oder »Schatz, mach dir keine Sorgen« zum Beispiel. Das klingt für mich auf Deutsch einfach beruhigender. Nicht die Küsse abwischen, Mamis Küsse sind lecker, das ist der Klassiker in unserer Familie, das können meine Geschwister und ich nur auf Deutsch sagen.

In Griechenland wurde Griechisch sehr schnell unsere dominante Sprache. Auch meine Mutter hat griechisch gesprochen. Am Anfang haben wir viel vermischt, aber später sprachen wir fast nur noch griechisch. Die größte Hilfe für unser Deutsch war der deutsche Fernseher. Wir haben gleich am Anfang eine Satellitenschüssel gekauft. Da war ich viereinhalb. Fernsehen und vor allem Filme gab es dann nur noch auf Deutsch. Den Schwarzwald kenne ich nur aus den Videos, die meine Mutter gemacht hat. Wir sind nur selten nach Deutschland gefahren als ich klein war, weil wir kaum deutsche Verwandte hatten.

Wenn mich jemand fragt, wo ich herkomme, sage ich immer: Griechenland. Aber meistens füge ich hinzu, dass ich Halbdeutsche bin. Das ist mir schon wichtig. Die unterschiedlichen Kulturen meiner Eltern haben mich geprägt. Meine Mutter ist ein freier Geist. Sie kann sich anpassen, aber bleibt ihren Prinzipien treu. Ich fand immer, dass wir besser erzogen waren als die griechischen Kinder. Wie man sich am Tisch benimmt oder dass es nicht gesund ist, so viel Cola zu trinken, war uns klar, vielen anderen eher nicht. Griechische Kinder haben immer alles bekommen, was sie wollten, und waren ziemlich verwöhnt. Wir mussten für unser Taschengeld immer kleine Arbeiten verrichten: die Unmengen schwarzer Socken meines Vaters sortieren, Teller abwaschen und solche Sachen.

Als wir Teenager waren, konnte meine Mutter sehr streng sein. Sie hat uns auch mal Strafen aufgebrummt, wenn wir unsere Aufgaben nicht richtig erledigten oder unsere Hobbys vernachlässigt haben. Mein Vater war da flexibler. Über meinen Vater hatten wir Kontakt zu seiner großen griechischen Familie. Das war klasse. Die wichtigen griechischen Feste haben wir zusammen gefeiert, vor allem Ostern ist mir in Erinnerung geblieben. Da kamen immer rund 30 Leute zusammen, die ich gar nicht alle kannte, aber wir hatten alle denselben Nachnamen. Wir haben nach alter Tradition ein Lamm am Spieß gedreht, gesungen und getanzt. Das Osterfest kommt nach einer langen Fastenzeit, die alle mitmachen, auch die Kinder. Eine Woche lang wird auf Fleisch und Milch verzichtet. Wir haben den griechischen Verwandten aber auch deutsche Ostern beigebracht: Ostereier suchen. Das kam immer gut an und wir hatten viel Spaß dabei. Auch Weihnachten war bei uns deutsch.

Ich würde gerne wieder in Griechenland leben, aber ich befürchte, dass es mir zu klein ist. Durch mein binationales Aufwachsen bin ich neugierig geworden auf andere Kulturen. Ich habe jetzt schon fast jedes europäische Land bereist und sehr viel Zeit und Energie in andere Kulturen investiert. Manchmal kommt Europa mir schon fast zu klein vor. Im Moment zieht es mich nach Lateinamerika. Vielleicht nicht zum Leben, aber ich habe die Musik schon immer gemocht, selbst als Kind.

Ich glaube, man kann einen Menschen erst richtig verstehen, wenn man ihn in seiner Muttersprache sprechen hört. Als ich ein einjähriges Masterprogramm in Portugal gemacht habe, hatte ich das Gefühl, die Portugiesen nicht wirklich zu verstehen, obwohl ich Englisch mit ihnen sprechen konnte. Ich habe dann Portugiesisch gelernt und hatte danach einen ganz anderen Zugang zu Land und Leuten, es ging viel tiefer.

Ich glaube, die Art, wie ich aufgewachsen bin, hat mich sehr flexibel gemacht. Ich kann mich gut anpassen an andere Umstände und komme eigentlich überall zurecht. Im Anschluss an Portugal war ich sechs Wochen in Indien, da habe ich mich auch wohl gefühlt. Ich habe großen Respekt vor anderen Kulturen. Wichtig ist für mich eine gewisse Tiefe, die man nur über eine gemeinsame Sprache erreichen kann. Ich fühle mich stark durch meinen deutsch-griechischen Hintergrund. Mein gesamter Charakter, meine Persönlichkeit resultieren daraus. Mit nur einem Land wäre ich niemals ich. Ich fühle mich *lucky* – wie heißt das noch mal auf Deutsch?

## »Ich brauche ein Stück Finnland, um in Deutschland glücklich zu sein«
### Annika Steinke, 33 Jahre alt, Deutsche und Finnin

*Annika Steinke ist Musikpädagogin und lebt in Hamburg. Sie wuchs in Reinbek bei Hamburg auf und absolvierte zunächst eine Ausbildung als Film- und Videoeditorin. Nach einem Workand-Travel-Jahr in Australien, Neuseeland und Asien nahm sie ein Musikstudium auf, das sie auch für ein Jahr nach Finnland führte. Annikas Eltern lernten sich Ende der 1970er-Jahre in Marburg kennen. Ihre Geschichte wird im Abschnitt »Europafamilien« erzählt.*

Wenn man mich fragt, wo ich herkomme, dann sage ich meistens, ich sei halb deutsch und halb finnisch. Das Finnische gehört zu meiner Identität, das ist mir wichtig, daher erwähne ich es auch gleich. Die Leute reagieren meist sehr interessiert und fragen, ob ich auch Finnisch spreche. »Das ist doch so schwer«, staunen die meisten. »Dank meiner Mutter nicht«, antworte ich dann.

Ich habe mich als Kind nicht anders gefühlt als meine Freunde, die mit zwei deutschen Elternteilen aufgewachsen sind. Vielleicht auch, weil das niemand infrage gestellt hat. Für mich war es normal, dass meine Mutter aus Finnland und mein Vater aus Deutschland kommt. Ich erinnere mich an interessiert-belustigte Blicke im Bus oder in der Bahn, wenn meine Mutter auf Finnisch gesprochen und meine Schwester und ich auf Deutsch geantwortet haben.

Der größte Teil meiner Finnland-Assoziationen rührt von den Sommerurlauben her. In Helsinki haben wir uns jedes Jahr mit der Familie meiner Mutter getroffen, mit Tanten, Onkel und Cousins. Anschließend waren wir immer im *Mökki*, im Sommerhaus, inmitten schönster Natur. Das Haus, wo wir die

*Annika Steinke*

meisten Urlaube während meiner Kindheit verbracht haben, war ganz klein, ohne fließend Wasser. Ich bin mit meiner drei Jahre älteren Schwester jeden Tag Wasser holen gegangen, ich durfte pumpen, und weil sie größer war, hat sie die Eimer vom Brunnen zurückgetragen.

Ich weiß noch, dass einmal die Woche ein Einkaufsbus zum Hof in der Nähe kam, etwa einen Kilometer entfernt, da durften wir zusammen hinlaufen und uns Eis kaufen. Die richtigen Einkäufe haben wir allerdings mit dem Auto erledigt. Auf der Fahrt zum Supermarkt haben wir laut Musik gehört, finnische Schnulzen von Mamas Lieblingssänger aus den 1970ern, und sind mit vollem Tempo über die Huckel der Schotterstraße gefahren, *mahamäki* heißen sie, Magenhügel. Es fing im Bauch an zu kribbeln, wenn meine Mutter auf das Gaspedal drückte, die Straße immer steiler nach oben führte, und dann das Auto drüber hüpfte.

Geliebt habe ich auch das Wasser, auf und in dem ich in Finnland viel Zeit verbrachte. Wasser ist mir auch heute noch sehr wichtig, wie auch die Sauna. Wir hatten einen Holzschuppen, in dem das Holz für die Sauna gelagert war. Dort habe ich mir passende Stücke gesucht und angefangen, Buttermesser oder Figuren zu schnitzen, wie Michel aus Lönneberga. Als wir ungefähr fünf und acht Jahre alt waren, hat unser Vater mit uns eine Bootsführerschein-Prüfung gemacht. Wir mussten alle möglichen Fragen beantworten, zum Beispiel: Wie legt man am Steg oder am Ufer an? Wie nimmt man Menschen sicher in das Boot auf? Wie wendet man? Wie fährt man mit dem Boot raus? Am Ende haben wir einen aus Holz geschnitzten Bootsführerschein bekommen.

Gegen Ende der Schulzeit oder auch etwas später habe ich mir gewünscht, mehr finnische Einflüsse aufnehmen zu können und noch stärker in das Land einzutauchen. Mit 26 Jahren habe ich angefangen, Musik zu studieren, und bin im Rahmen des Studiums für ein Jahr nach Finnland gegangen, um dort ein Auslands- beziehungsweise in meinem Falle eher ein Heimatjahr zu verbringen. Für mich war es wichtig, auch den finnischen Alltag richtig zu erleben. Bis dahin habe ich mich manchmal als Touristin im eigenen Land gefühlt. Das fand ich schade. Auch sprachlich fühlte ich mich noch immer etwas eingeschränkt, obwohl ich alles verstanden habe und eigentlich auch fast alles sagen konnte. Doch so exakt wie im Deutschen konnte ich mich im Finnischen nicht ausdrücken.

Das Jahr in Finnland ist mir ähnlich schön in Erinnerung geblieben wie all unsere Sommerurlaube. Ich lernte die Sprache noch besser und baute mir einen eigenen Freundeskreis auf. Gut, der Herbst war anstrengend, grau und sehr dunkel. Aber ich habe so viele tolle neue Sachen kennengelernt und mich jeden Tag darüber gefreut, dass ich da sein durfte. Ich erinnere mich noch an den Aha-Moment, als ich eine Erkältung hatte und mir in der Apotheke die Worte zum Beschreiben meiner Symptome nicht eingefallen sind. Ich musste plötzlich Dinge klären, die ich nie vorher zu regeln hatte, das war komisch.

Der Abschied von Finnland fiel mir schwer. Ich habe ernsthaft überlegt, ob ich nach dem Studium nach Helsinki ziehe. Aber dann habe ich mich doch für meine erste Heimat Hamburg entschieden. Hier leben meine Eltern, hier bin ich aufgewachsen, und es gibt eine große finnische Gemeinschaft, in der ich auch beruflich als Musikpädagogin eingebunden bin. Ich kann auch hier die finnische Kultur leben und finnisch sprechen. Das war mir bei der Wahl meiner Heimat wichtig: Ich brauche Wasser um mich herum und etwas Finnisches.

In meinem jetzigen Alltag ist der Freitag mein finnischer Tag. Erst gebe ich finnischen Schülern Gitarrenunterricht, dann bin ich in der finnischen Gemeinde und leite einen Eltern-Kind-Musikkurs, ebenfalls auf Finnisch. In zwei Wochen spiele ich anlässlich des Jubiläums zur 100-jährigen Unabhängigkeit Finnlands in der finnischen Gemeinde in Hamburg auf dem Nationalinstrument Kantele, einem Zupfinstrument. Es ist sehr schön, dass ich mich im Studium an der Sibelius-Akademie in Helsinki mit traditioneller Musik beschäftigen konnte und das so sinnvoll weiterführen kann.

Wenn ich zurückblicke, würde ich sagen, dass meine Mutter viele kulturelle Einflüsse in den Alltag eingebracht hat, zum Beispiel bei unserem Weihnachtsfest. Dass wir eine Sauna zu Hause haben, haben wir allerdings meinem Vater zu verdanken. Der hat wirklich Gefallen an dieser finnischen Tradition gefunden, und ich durfte ihm mit neun Jahren beim Einbau sogar helfen.

Parallel habe ich aus dünnen Holzresten eine Miniatursauna für Playmobilfiguren gebaut, mit einem kleinen Ofen sogar. In der Sauna fangen die Finnen an zu reden und blühen richtig auf. Sonst wirken sie auf den ersten Blick zurückhaltend oder sogar verschlossen. Wenn man in Helsinki in eine Bahn oder einen Bus steigt, ist das noch schlimmer als in Norddeutschland, dort sitzen viele Menschen einzeln auf den Fensterplätzen. Aber sobald man mit Finnen Kontakt aufgebaut hat, werden sie kommunikativ, vor allem eben in der Sauna oder bei einem Bier.

Ich würde sagen, dass die Finnen familienfokussierter sind als die Deutschen. Und dann ist da natürlich die Liebe zur Natur. Finnen leben stärker im Einklang mit der Natur. Für mich ist das »Deutsche« natürlich etwas gewohnter, da ich hier aufgewachsen bin. Das Finnische ist da einfach mit reingeflossen.

Dass mein Partner sich auch für diese Seite interessiert, ist mir schon wichtig. Ich habe ihn im vergangenen Sommer zum ersten Mal nach Finnland mitgenommen. Er fand es wirklich schön. Seine Sommerurlaube hat er übrigens immer in Österreich, der Heimat seiner Mutter, verbracht und versteht von daher den Doppelkulturaspekt. Sollten wir Kinder haben, könnte ich mir vorstellen, finnisch mit ihnen zu sprechen. Wir haben übrigens gerade wieder einen Flug nach Helsinki gebucht.

Bei mir harmonieren beide Seiten: die deutsche und die finnische. Ich Lebe das und möchte beide Seiten in meinen Alltag integrieren. Es könnte gerne sogar noch ein bisschen mehr Finnland sein in Hamburg, aber es ist auch schon sehr gut so, wie es jetzt ist.

Was die Europapolitik angeht, passiert gerade ein Wandel. Bisher war Europa selbstverständlich für mich, aber jetzt, wo die EU anfängt zu bröckeln, fühle ich mich schon europäisch. Ich würde mir einfach wünschen, dass die EU wieder enger zusammenwächst und dass es auch für die nachfolgenden Generationen selbstverständlich sein wird, kulturelle Vielfalt zu leben.

# »Der finnische Einfluss zieht sich durch mein ganzes Leben«
## Ulla Steinke, 36 Jahre alt, Deutsche und Finnin

*Ulla Steinke arbeitet als Stipendienberaterin in einer Stiftung für Begabtenförderung. Sie hat Mehrsprachige Kommunikation in Köln und Europastudien in Aachen studiert. Längere Arbeits- und Studienaufenthalte verbrachte sie in Kanada, Frankreich und Nepal. Die Geschichte ihrer Eltern wird im Abschnitt »Europafamilien« erzählt.*

Wenn mich jemand fragt, wo ich herkomme, dann antworte ich, weil ich in Köln lebe: Ich komme aus Hamburg und bin Halbfinnin. Meistens kommen interessierte Reaktionen: »Ach wirklich? Wie genau? Hast du auch mal in Finnland gewohnt?« Ich erlebe nur positive Resonanzen.

Wenn ich an meine Kindheit und Jugend zurückdenke, erinnere ich mich an eine Zeit, in der es mir peinlich war, wenn meine Mutter in der Öffentlichkeit finnisch mit mir sprach. Ich habe mich dabei als anders empfunden als die anderen Kinder, wollte aber dazugehören. Das änderte sich in der Pubertät. Wenn meine Mutter dann auch mal deutsch mit mir sprach, trat der umgekehrte Fall ein: Ich bat sie, finnisch zu sprechen. Von nun an empfand ich es als etwas Besonderes im positiven Sinn, so etwas wie eine Geheimsprache zu haben. Es war »cool«. Seitdem erlebe ich das Finnische nur als positiv. Ich muss auch dazusagen, dass ich aufgrund meines halbfinnischen Status nie schlechte Erfahrungen gemacht habe.

Das Finnische war während meiner Kindheit und Jugend sehr präsent. Meine Mutter hat uns regelmäßig Anregungen gegeben, die Kultur zu leben. Einmal in der Woche waren wir als Kinder in der finnischen Schule in Hamburg, wo wir gelernt haben, finnisch zu lesen und zu schreiben. Ich hatte auch einen engen Kontakt zu meiner finnischen Cousine, die so alt ist wie ich. Wir haben uns viele Briefe geschrieben und waren sehr gut befreundet. Sie kam uns auch regelmäßig in Deutschland besuchen. Ein ganz wichtiges Element waren unsere Sommerurlaube. Wir waren jeden Sommer zwischen drei und vier Wochen in Finnland, es war wie ein idyllisches Kinderparadies rund um das rote Holzhaus am See. Ich weiß noch, wie ich dort tagsüber zusammen mit meiner jüngeren Schwester und unseren finnischen Cousins und Cousinen auf den Felsen am Seeufer Höhlen baute. Oder wie wir auf der Suche nach Blaubeeren durch die umliegenden Birkenwälder, über Moos und Wiesen streiften. Auch auf dem Traktoranhänger des benachbarten Bauern, der uns manchmal einen selbst gefangenen Fisch vorbeibrachte, durften wir mitfahren. Gegen Abend trällerten wir dann in der Sauna finnische Kinderlieder, während wir uns auf die Saunawurst, die gleichzeitig auf dem Ofen gar wurde, freuten. Zuvor halfen wir unseren Eltern beim Holzsammeln oder beim Zusammentragen von trockenen Birkenzweigen, die wir als Bündel zusammenbanden und in einen heißen Wassertrog tauchten. Diese *vihta* gehört zum ursprünglich russischen, aber auch finnischen Saunaritual – damit wird durch das Schütteln der Zweige über dem Ofen ein entspannender Aufgussduft in der Sauna erzeugt und wenn man seinen Körper damit abklopft, wirkt das durchblutungsfördernd. Durch diese Aufenthalte ist bei mir eine Naturverbundenheit entstanden, die bis heute anhält. Es war auch eine Zeit des intensiven Austauschs mit der Familie meiner Mutter.

Im Jugendalter habe ich an Camps in Finnland teilgenommen, die speziell für im Ausland lebende Halbfinnen organisiert wurden. Die Teilnehmer kamen aus der ganzen Welt. Die Camps liefen zirka zwei Wochen und fanden an verschiedenen Orten in Finnland statt. Es gab Sprachkurse für unterschiedliche Niveaus, einige Halbfinnen sprachen so gut wie gar kein Finnisch. Jedes Camp stand unter einem bestimmten Motto wie Kunst oder Musik. In der Zeit habe ich enorm viele internatio-

*Ulla Steinke*

nale Kontakte geknüpft, die lange anhielten und vielleicht auch der Auslöser waren für meine Reiseleidenschaft und meinen beruflichen Werdegang, dessen Schwerpunkt auf Sprachen und interkulturellem Austausch liegt. Dass es mir sehr leicht fällt, auch andere Fremdsprachen zu lernen, führe ich klar auf meine zweisprachige Erziehung zurück. Auch Vielfältigkeit im Allgemeinen ist ein wichtiger Wert für mich.

Der finnische Aspekt in meinem Leben stellte immer eine Bereicherung dar, eine zusätzliche Möglichkeit beziehungsweise Ressource, und hat zur Erweiterung meines Horizonts beigetragen. Er gehört einfach zu meiner Identität. Es schwingt auch ein gewisser Stolz mit, eine eher seltene Sprache zu beherrschen. Viele sagen mir, dass sie das beneidenswert finden. Auch in meine Ausbildung ist das Finnische eingeflossen. In meiner Bachelorarbeit habe ich den Stellenwert der englischen Sprache in Finnland analysiert. Vorher hatte ich eine Zeit lang Finnougristik studiert. Es setzte sich fort in meinem Berufsleben: In meinem letzten Job war ich in der Skandinavienabteilung eines internationalen Unternehmens an der Schnittstelle zu Finnland tätig. Das Finnische zieht sich eigentlich durch mein ganzes Leben, je nach Lebensphase durch unterschiedliche Bezüge.

Dass meine Eltern typisch deutsche oder finnische Elemente in unsere Erziehung eingebracht haben, kann ich eigentlich nicht sagen. Im Gegenteil, mein deutscher Vater ist von seinem Charakter her eigentlich ein typischer Finne, zurückhaltend mit Hang zu Understatement und trockenem Humor. Allerdings verkörpert meine Mutter in gewisser Weise das typische finnische Frauenbild oder das skandinavische überhaupt. Was Genderthemen angeht, ist Skandinavien fortschrittlicher als Deutschland. Ich habe das Gefühl, dass unsere Mutter uns das dortige Selbstverständnis unbewusst vermittelt hat. In Finnland sind es meist die Frauen, die in die Welt hinausziehen.

Für mich war immer klar, dass ich Finnin und Deutsche bin. Es gab nie ein Hin und Her und ich hatte nie das Gefühl, dass ich mich zwischen den beiden entscheiden muss, weil unser

Lebensmittelpunkt immer in Deutschland war. Das Finnische war als Zusatz da, ein Plus. Die beiden Seiten kamen sich nie in die Quere. Die Kulturen sind im Vergleich auch relativ ähnlich, westlich orientiert und europäisch. Bei den Finnen ist die Naturverbundenheit sehr stark ausgeprägt, die habe ich auf jeden Fall auch, aber ob sie wirklich durch meine vielen Urlaube oder mein finnisches Erbe ausgelöst wurde, kann ich nicht mit Bestimmtheit sagen. Es gibt ja auch viele Deutsche, die sich der Natur sehr nah fühlen. Aber es stimmt schon, ich brauche in regelmäßigen Abständen Naturerlebnisse. Wenn ich reise, achte ich darauf, dass ich nicht in trubeligen Städten lande, sondern eher in schönen Landschaften, wo ich wandern und mehr Weite erleben kann.

Dass meine Kinder mal einen Bezug zu Finnland haben werden, wünsche ich mir. Als hundertprozentige Muttersprache werde ich die Sprache wohl nicht weitergeben können, obwohl ich sie fließend spreche. Muttersprache ist für mich Deutsch. Aber soweit es möglich ist, möchte ich ihnen, vielleicht zusammen mit meiner Mutter, die finnische Sprache und Kultur nahebringen.

Was Europapolitik angeht, interessiere ich mich schon. Ich habe mich auch im Rahmen meines Masterstudiums der Europastudien damit beschäftigt. Wie eng die Länder über die vergangenen Jahre zusammengewachsen sind und wie schnell sich alles vernetzt hat, habe ich ja selbst miterlebt. Den möglichen Zerfall der EU betrachte ich als beunruhigend. Ich bin dafür, dass wir in Europa weiter zusammenhalten – kulturelle Unterschiede dürfen und sollen weiterbestehen, aber in erster Linie sind der Austausch und das Miteinander wichtig für den Erhalt von Frieden und Toleranz.

# »Es fällt mir zunehmend schwerer, Gleichaltrige zu siezen«
## Christian Ludwig, 42 Jahre alt, Deutscher und Schwede

*Christian Ludwig, Betriebswirt von Beruf, ist momentan Vertriebsdirektor beim schwedischen Spielzeughersteller BRIO und lebt in Malmö. Er wuchs in Hamburg auf. Seine Eltern lernten sich Mitte der 1960er-Jahre in Schweden kennen, als Christians Vater mit einem Freund durch Schweden reiste und seine Mutter in einer Touristeninfo, in der sie zeitweise arbeitete, ansprach. Nach vier Jahren Fernbeziehung und Beendigung ihrer Schul- und Studienzeit in Schweden zog Christians Mutter nach der Hochzeit zu seinem Vater nach Hamburg. Bis zum EU-Beitritt Schwedens im Jahre 1995 verlängerte sie regelmäßig ihre Aufenthaltsgenehmigung für Deutschland – was sich nach dem EU-Beitritt erübrigte.*

Meine Frau, die auch Deutsche ist, und ich leben seit elf Jahren in Schweden. Eigentlich bin ich Urlaubsschwede. Das heißt, ich kannte Schweden nur aus den Ferien, weil meine Schwester und ich mit unserer schwedischen Mutter und unserem deutschen Vater fast jedes Jahr in den Ferien herkamen. Jetzt arbeite ich hier, natürlich wegen meines Hintergrundes, aber auch, weil meine Frau und ich ins Ausland wollten. Mittlerweile haben wir zwei Kinder, fünf und drei Jahre alt. Ich spreche schwedisch mit ihnen, weil ich ihnen die Sprache unbedingt mit auf den Weg geben will und wir immer dachten, wir würden nicht so lange bleiben, aber inzwischen ist ihr Schwedisch besser als ihr Deutsch. Deshalb ändere ich gerade die Gewohnheit und beginne deutsch mit ihnen zu sprechen. Eigentlich hatten meine Frau und ich ausgemacht, dass wir nach ein paar Jahren zurück nach Hamburg gehen.

*Christian Ludwig*

Unsere Heimat ist eindeutig Hamburg. Da kommen wir beide her und es ist für uns immer ein Wohlfühlfaktor, wenn wir durch Hamburgs Straßen rollen. Aber Schweden hat auch klare Vorteile, das macht das Abwägen schwer, und deshalb sind wir auch letztlich noch hier.

Wir spüren schon eine gewisse sprachliche Barriere in Schweden. Sogar ich, der mit Schwedisch aufgewachsen ist. Wenn ich mich auf Deutsch zu 100 Prozent ausdrücken kann, sind es auf Schwedisch 95 Prozent. Aber die fünf Prozent machen es manchmal aus, da fehlen dann Nuancen oder Wörter, um spontan Witze oder Kommentare zu machen. Manches kommt dann nicht so rüber, wie man es will, oder man versucht es gar nicht erst. Das ist schade. Ich hätte nicht gedacht, dass es mir mal so gehen würde in Schweden.

Ich glaube, in den fünf Prozent, die mir im Schwedischen fehlen, ist auch etwas Kultur enthalten, also zum Beispiel Kindheitserinnerungen, politische Referenzen, Fernsehserien oder Persönlichkeiten, die alle Schweden meiner Generation kennen, nur ich eben nicht, weil ich nicht hier groß geworden bin. Wenn es dazu Anspielungen gibt, verstehe ich sie manchmal nicht. Wenn jemand ein Zitat aus einem schwedischen Film verwendet, dann kenne ich es nicht. Oder umgekehrt: Wenn ich eine Situation am besten mit einem alten Kalauer des Komikers Otto Waalkes beschreiben könnte, dann brauche ich das gar nicht erst zu versuchen, weil hier sowieso keiner Otto kennt. Im Nachbarort haben wir ein befreundetes deutsches Pärchen, mit denen wir uns häufiger treffen. Das ist immer sehr entspannt, weil man weiß, dass man sich versteht – ich meine, rein sprachlich und von den Referenzen her. Ich hätte nie gedacht, dass das nach so vielen Jahren immer noch so sein würde.

Ich erinnere mich gar nicht genau, wie meine Eltern das mit den Sprachen gemacht haben, als ich noch klein war. Ich meine, bis ich in die Schule kam, hat meine Mutter schwedisch mit uns gesprochen und mein Vater deutsch. Ich habe später erfahren, dass meine Grundschullehrerin während des ersten Elterngespräches zu meiner Mutter gesagt hat, sie möge sich entscheiden, ob sie deutsch oder schwedisch mit mir spricht. Angeblich hatte ich im Deutschen einen geringeren Wortschatz als Gleichaltrige. Die Lehrerin sagte, wenn meine Mutter sich für Schwedisch entscheidet, möge sie mich doch bitte auch an einer schwedischen Schule anmelden. Meine Mutter war tieftraurig nach diesem Gespräch, aber sie hat sich an die Forderung der Lehrerin gehalten.

Einmal in der Woche waren wir beim Schwedischunterricht in der schwedischen Gemeinde in Hamburg, und wir hatten einen ziemlich großen schwedischen Bekanntenkreis. Meine Mutter hatte sehr viele schwedische Freundinnen mit Kindern in demselben Alter wie meine Schwester und ich. Mit denen haben wir viel unternommen, aber der schwedische Unterricht war eher eine Pflichtaufgabe ohne viel Spaß.

Wir haben als Kinder auch auf die schwedische Art Weihnachten gefeiert, und es gab bei uns zu Hause viele schwedische Gerichte zu essen. Das ist mir aber erst im Nachhinein aufgefallen, als Kind kannte ich es ja nicht anders. Aber *Midsommar* zum Beispiel haben wir nicht in Hamburg gefeiert. Witzigerweise macht meine Schwester, die in Hamburg lebt, das jetzt. Sie lädt die Nachbarschaft ein, und inzwischen hat sich da so eine richtige skandinavische Tradition entwickelt. Hier in Schweden ist es ein ganz wichtiges Familienfest. Wir feiern es mal am Strand, mal im Park, und es ist wunderschön. Alle Kinder haben dann selbst gesteckte Blumenkränze im Haar. Andere schwedische Traditionen, wie die Heiligen Drei Könige oder Walpurgisnacht, habe ich erst kennengelernt, seit ich in Schweden lebe.

Wie gesagt, als Kind bin ich mit meinen Eltern und meiner Schwester jeden Sommer nach Schweden gefahren und habe hier fünf Wochen verbracht. Oft waren wir auch im Herbst oder zu Ostern noch einmal da. Wir waren viel bei Verwandten, ein Onkel zum Beispiel hatte einen Bauernhof, das war immer besonders toll. Später haben meine Eltern ein Ferienhaus an der Westküste gekauft. Das wurde dann eigentlich unsere zweite Heimat. Ich weiß noch, dass ich mich immer wahnsinnig auf die Ferien gefreut habe, was sowohl an der ausgelassenen Urlaubsstimmung als auch an der schönen Natur in Schweden lag. Mit dem Sprachwechsel hatte ich nie Probleme, das ging immer ganz automatisch. Als ich zehn oder elf Jahre alt war, habe ich im Hafen ausgeholfen und auf den Touristenschiffen als »Matrose« den alten Kapitänen unter die Arme gegriffen. Für deutsche Touristen habe ich übersetzt, das war toll. Ich hatte dadurch auch mit vielen anderen Schweden Kontakt. Das war eine bereichernde Erfahrung und hat mein Schwedisch deutlich verbessert.

Als ich dann mit Anfang 30 für den Job nach Schweden gegangen bin, habe ich mich sehr gefreut. Schweden war ja für mich ein Land voller schöner Urlaubsassoziationen. Es war einerseits normal, weil ich Schweden gut kannte, aber andererseits aufregend, weil ich dieses Urlaubsfeeling hatte. Die Lieblingskekse, die es für uns nur im Sommer gegeben hatte, oder die Schokosoße auf dem Eis hatte ich von nun an immer. Zuerst war das toll, aber nach einem halben Jahr schmeckten die Kekse dann gar nicht mehr besonders, sondern nach Alltag. Das war etwas schade. Der größte Lernprozess kam allerdings mit der Geschäftssprache und der Arbeitskultur, die ich natürlich nicht kannte. Als ich mein Büro einrichtete, wurde ich gefragt, was ich an Materialien brauchte. Ich wollte Büroklammern, Schnellhefter und Klarsichthüllen bestellen, aber leider lagen diese Begriffe außerhalb meines normalen Vokabulars, ich kannte die Wörter einfach nicht. Als ich darauf zeigte und sagte: »Das da bitte«, guckten mich die Kollegen schräg an. Sie konnten sich nicht erklären, dass ich zwar fließend Schwedisch sprach, aber diese Wörter nicht kannte. Ich habe die fehlenden Wörter aber schnell gelernt.

Etwas länger habe ich gebraucht, um mich an die schwedische Arbeitsmentalität und die Firmenkultur zu gewöhnen. Die Schweden reden lieber um den heißen Brei herum, als dass sie von oben herab eine Entscheidung fällen. Die Schweden brauchen immer Konsens. Ich war es gewohnt, selbstständig Entscheidungen zu treffen, die in meinen Verantwortungsbereich fielen, was ich dann auch gemacht habe. »Man merkt, dass du deutsch bist«, haben Kollegen gesagt, und beide Seiten mussten sich daran gewöhnen. Ich habe jetzt über die Jahre gelernt, schwedischer zu werden in meiner Arbeit. Ich bin in gewissen Sachen weicher geworden. Ich will nicht als der Bestimmer gelten und habe ja auch Interesse daran, dass mein Team mitzieht, muss aber führen und überzeugen. Das ist ein großer kultureller Unterschied, den ich vorher nicht kannte. Ich muss sagen, dass ich mich sehr wohl fühle damit. Meine Frau auch.

Geschäftlich habe ich viel mit Deutschland zu tun und muss deshalb flexibel bleiben in der Mitarbeiterführung und im geschäftlichen Umgang miteinander. Manchmal frage ich mich, welche der beiden Arten mir besser liegt. Ich kann es nicht eindeutig beantworten. Ich denke, beides hat seine Vorteile, aber auch Nachteile. Hier in Schweden ist man gleich mit jedem auf Vorname und Du, es gibt keine Hierarchien. Manchmal fällt es mir schwer, Leute in Deutschland zu siezen, zumal wenn sie etwa so alt sind wie ich. In Schweden ist es weniger formell und dadurch einfach entspannter, was das Arbeiten sehr angenehm macht. Dennoch hat man Respekt voreinander. Dazu kommt natürlich die familienfreundliche Ausrichtung vieler Unternehmen. Das habe ich bisher bei allen schwedischen Firmen erlebt. Wenn du hier um 18 Uhr noch an deinem Schreibtisch sitzt, dann fragen sie dich, ob deine Kinder nicht zu Hause warten.

Es war auch selbstverständlich, dass wir beide Elternzeit nehmen. Ein Familienmensch zu sein, ist in Schweden eine Auszeichnung, kein Hindernis. Doch, es gibt viele Vorteile in Schweden, deshalb fällt es uns auch so schwer, uns zu entscheiden, wo wir die Kinder aufwachsen lassen wollen. Wir machen hier fast alles mit dem Fahrrad. In fünf Minuten sind wir am Strand, in zehn Minuten im Wald, dabei wohnen wir direkt in der Innenstadt. Andererseits liegt uns sehr daran, näher bei unseren Eltern und Geschwistern zu sein, sodass unsere Kinder auch eine echte Bindung zu ihren Großeltern aufbauen können. Momentan sind es Besuchsgroßeltern, das ist schade.

Wie wir uns auch entscheiden, Schweden bleibt ein wesentlicher Teil im Leben meiner Familie. Wir haben jetzt sogar alle einen schwedischen Pass, auch meine Frau. Sie hat nach fünf Jahren zusätzlich zu ihrer deutschen die schwedische Staatsbürgerschaft beantragt, ohne Probleme. Aber vom Gefühl her bleiben wir Deutsche. Hamburger.

# »Jetzt werde ich wieder Pässe sammeln«

## Ana Mosterin, 46 Jahre alt, Deutsche und Spanierin

*Ana Mosterin lebt mit ihren drei Kindern und ihrem australischen Mann in Cambridge, wo sie als Wissenschaftlerin an der Universität beschäftigt ist. Ihre Eltern lernten sich Ende der 1960er-Jahre an der Universität Münster kennen, wo Anas spanischer Vater im Fach Philosophie und Anas Mutter in Volkswirtschaft promovierten. Ana ist in Münster geboren, aber zog im Alter von einem Jahr mit ihren Eltern nach Barcelona, wo sie aufwuchs und den Großteil ihres Lebens verbrachte.*

Ich bin mit Osterhasen, Christkind, »Laterne, Laterne ...«, Gummibärchen, Erich Kästner, Otfried Preußler, Astrid Lindgren und deutscher Schokolade in Barcelona aufgewachsen. Über viele Jahre sprach und schrieb ich zum größten Teil auf Deutsch. Andererseits habe ich nie in Deutschland gelebt. Viele Dinge aus dem normalen Alltag in Deutschland kenne ich nicht. Zu Besuch war ich oft in Deutschland, auf dem Dorf, bei der Familie meiner deutschen Mutter. Aber ich hätte nicht gewusst, um wie viel Uhr der erste Film im Kino anfängt oder ob ich mich in der Kneipe um die Ecke nachmittags mit einem Buch und einem Kaffee an den Tresen setzen kann. Immer wieder stellt sich mir die Frage: Soll ich Gleichaltrige siezen oder duzen? Warum nimmt niemand meine Kreditkarte an, und was ist eine EC-Karte? Das Schlimme ist, dass ich viel zu gut Deutsch spreche, als dass ich jemanden nach all diesen Dingen fragen könnte. Die Leute würden denken, ich wollte sie auf den Arm nehmen.

Als ich vor wenigen Wochen in Köln zu Besuch war, traf ich meinen russischen Kollegen Jewgeni zu einem Arbeitsgespräch

*Ana Mosterin*

in einem Café. Er lebt seit zwei Jahren in Deutschland und versucht sich in Bonn zu integrieren. Jewgeni beherrscht erst wenige Worte Deutsch, also bestellte ich in tadellosem Deutsch Kaffee und Croissants für uns. Gegen Ende unserer Besprechung, als wir unsere Rechnung zahlen wollten, guckte ich ihn hilfesuchend an: »Wie handhaben die Deutschen das mit dem Trinkgeld? Soll man oder soll man nicht?«, fragte ich ihn. Das ist überall anders. In Spanien werfen die Kellner jede Münze mit Schwung in die scheppernde Dose. In den USA muss man zehn bis 20 Prozent zuzahlen, sonst kommt praktisch die Polizei, in Australien ist Trinkgeld eine Beleidigung. Man kann also leicht etwas falsch machen. Geduldig erklärte mir Jewgeni, wie es die Kölner machen. Er kann zwar noch nicht so gut Deutsch, aber er kennt schon die deutschen Gepflogenheiten.

Die harmlose Frage »Woher kommst du?« macht mir mittlerweile etwas zu schaffen. Ich könnte sagen: Meine Mutter ist Deutsche, mein Vater Spanier. Ich bin in Katalonien aufgewachsen, war da aber auf der deutschen Schule. Beim Studium in den USA habe ich meinen australischen Mann kennengelernt. Mit ihm bin ich nach Barcelona zurückgegangen, wo unsere drei Kinder geboren und zum Teil aufgewachsen sind. Seit sechs Jahren leben wir in Cambridge in England. Ich bemühe mich, meine Gesprächspartner nicht gleich mit meiner komplexen Familiengeschichte zu erschlagen. Also probiere ich es mit kleinen Auszügen in der Hoffnung, die Information ist ausreichend.

Da ich gern Tango tanze und regelmäßig Kurse belege, komme ich oft in Small-Talk-Situationen, in denen die Frage nach der Herkunft zwischen den Tänzen in wenigen Sekunden geklärt sein muss. Wenn mich also beim Tango in Deutschland jemand fragt: »Kommst du hier aus der Gegend?«, dann sage ich: »Ich komme aus Barcelona.« Wenn dann die Frage folgt: »Und wann geht's zurück?«, erkläre ich: »Also eigentlich lebe ich jetzt in Cambridge.« Kann sein, dass dann der nächste Wechsel der Tanzpartner ansteht und ich mein Gegenüber verblüfft zurücklassen muss. In Barcelona beantworte ich die Frage »Kommst du von hier?« in der gleichen Situation mit: »Ich war mal von hier.« Folgt dann: »Und wo bist du jetzt?«, sage ich, dass ich seit sechs Jahren in England lebe. Meinen dann manche, es sei in der kurzen Zeit schon ein kleiner Hauch von etwas Ausländischem an mir hängen geblieben, könnte ich erwidern, dass der schon immer da war, weil ich auch deutsche Wurzeln habe – aber das mache ich von der Situation abhängig.

Vor Kurzem wurde ich bei einem Tangoabend, für den ich mir während einer Geschäftsreise in die USA Zeit genommen hatte, von meinem Tanzpartner in New York nach meiner Herkunft gefragt, und ich versuchte es mit: »Aus Europa.« Da meinte er zu meiner Überraschung: »Aus Europa kommen wir doch alle.«

In meiner Kindheit war Europa noch ganz anders. Spanien war noch kein Teil der EU, sondern wurde bis 1975 von Francisco Franco diktatorisch regiert. Das Land war sehr abgeschlossen. Dissidenten flüchteten größtenteils nach Frankreich ins Exil. Wenn mich Kinder in Spanien deutsch sprechen hörten, waren sie sicher, das sei Französisch. Frankreich und Ausland waren praktisch Synonyme. Außer den ersten Touristen an den Stränden sah man nicht viel von fremden Kulturen. Nur eine privilegierte Oberschicht konnte ins Ausland reisen und flog nach London zum Einkaufen und zum Abtreiben. Es gab auch einen deutschen Lebensmittelladen am anderen Ende von Barcelona. Mit viel Zeitaufwand fuhr meine Mutter ein paarmal dorthin, um teuer Vollkornbrot, Leberwurst oder Osterschokolade zu kaufen. Wenn wir in den Ferien nach Deutschland flogen, kaufte sie Kinderkleidung aus Baumwolle bei C&A, schmuggelte Hipp-Gläschen für meine Schwestern im Handgepäck mit nach Spanien – und flache Schnuller, denn in Spanien gab es nur runde. Heute gibt es das alles an jeder Ecke.

Die Auslandsschulen, das Lycée Français und die deutsche Schule, hatten einen diplomatischen Sonderstatus. Das Ausland, bis Mitte der 1970er-Jahre unerreichbar, war für die Spanier etwas ganz Tolles, Besonders, Weltgewandtes. Deshalb hatten die anderen spanischen Kinder eher Interesse an uns, als dass sie uns gemieden oder gehänselt hätten. Da die deutsche Schule in Barcelona lange Zeit in einer Villa auf dem Tibidabo-Hügel beheimatet war, hieß das Gemisch aus Spanisch und Deutsch, das wir auf dem Schulhof sprachen Tibidabisch. Viele Kinder an der Schule hatten einen deutschen und einen spanischen Elternteil. Es gab aber auch Vollspanier und Volldeutsche. Für alle wurde Deutsch nach der Grundschule irgendwann uncool, immerhin will man ja als Teenager in der Disco nicht auffallen. Es dauerte nie lange, bis die *alemanotes,* wie sie genannt wurden, oft Kinder von Führungskräften deutscher Unternehmen, Lehrern oder Diplomaten, die im Gegensatz zu uns nur ein paar Jahre in Barcelona verbrachten, Spanisch lernten.

Da ich fast durchgehend in internationalen Unternehmen und an Universitäten gearbeitet habe, bin ich oft von Leuten umgeben, die viel reisen oder deren Aufenthaltsort nicht mit ihrem Herkunftsland übereinstimmt. In diesen Kreisen ist es keine große Sache, dass ich halb deutsch und halb spanisch bin, und natürlich habe ich überall etwas von den anderen Kulturen aufgenommen. Dennoch gesellen sich ab und zu ein paar Witzbolde unter meine Freunde, die mich, je nach Situation, auf die deutsche oder spanische Seite in mir festlegen wollen. Wenn sie mich in Partystimmung antreffen, dann feuern sie meine spanische Seite an, und wenn ich in einer Diskussion einen gewissen Sachverhalt erkläre, auf etwas bestehe oder widerspreche, dann stoßen sie sich in die Rippen und freuen sich über die deutsche Seite. Das ist natürlich Quatsch, das könnte man bei jedem machen, ganz unabhängig von der Herkunft. Versuche ich allerdings mit diesem Argument zu punkten, erreicht das Gefeixe seinen Höhepunkt und mein Erklärungsversuch wird als Beweis meiner deutschen Seite bejubelt. Der einzige internationale Ausweg ist, die Zunge rauszustrecken.

Ich komme überall zurecht. Da stört es gar nicht, dass ich mich, was Familientraditionen betrifft, am ehesten deutsch fühle. Wenn ich es richtig gemütlich haben will und mich mit guten Freunden bei einem Bierchen unterhalte, dann mache ich das am liebsten auf Spanisch. Seit wir in England leben, ist Englisch bei uns in der Familie die Hauptsprache. Die Antwort auf die Frage, welche Identität am ehesten zu mir passt, überlasse ich anderen.

Die gefühlte Identität ist die eine Sache. Die andere ist die auf dem Papier. Meine Schwestern und ich sind eigentlich Doppelstaatsbürger, aber seit vielen Jahren haben wir unseren deutschen Pass nicht verlängern lassen und auch nie einen für unsere Kinder beantragt, weil ein EU-Pass ausreicht. Im Zuge dieser ganzen EU-Unsicherheiten hat eine meiner Schwestern jetzt die deutsche Staatsangehörigkeit für ihre Kinder beantragt. Das hätte sie vorher nicht getan, obwohl sie seit langer Zeit in München lebt. Meine Mutter drängt mich, das für meine Kinder auch zu tun. »Mach es, bevor die Grenzen wieder schließen«, sagt sie.

Ich werde es tun, meine vergilbten Unterlagen wieder herauskramen, meinen eigenen deutschen Pass beantragen und welche für die Kinder, die momentan einen spanischen und einen australischen Pass haben. Ich mache es auch aus Sorge – man weiß ja wirklich nicht, was kommt. Ich werde auch die britische Staatsbürgerschaft beantragen, wenn es sein muss, und wieder Pässe sammeln, so wie früher, als Spanien noch nicht zur EU gehörte. Dass es mal dazu kommt, hätte ich bis vor Kurzem nicht für möglich gehalten. Ein EU-Pass reichte. Aber jetzt?

# EUROPAPERSPEKTIVEN
# IN DER POLITIK

# Wie viel Europa steckt in unserer Politik?

Genau wie die deutsche und die europäische Bevölkerung wird auch der Deutsche Bundestag zunehmend bunter. Im Mai 2017 sitzen im Bundestag 37 Parlamentarier aus Einwandererfamilien. Das entspricht 5,9 Prozent aller Abgeordneten, wie der Mediendienst Integration ermittelt hat. Während der letzten Legislaturperiode waren es noch deutlich weniger. Ein Drittel der Abgeordneten mit Migrationshintergrund hat Wurzeln in Ländern der Europäischen Union. Schlusslicht in Sachen Internationalität ist bei den im Bundestag vertretenen Parteien die CSU mit 1,8 Prozent der christlich-sozialen Abgeordneten insgesamt.

Auf den folgenden Seiten kommen drei der 37 Abgeordneten mit Migrationshintergrund zu Wort: Es sind Europakinder. Sie entstammen drei verschiedenen Generationen, die die Entwicklung der Europafamilien beispielhaft reflektieren. Während die Älteste unter ihnen, Gitta Connemann, Jahrgang 1964, das Aufwachsen mit einer niederländischen Mutter und einem deutschen Vater noch als schwierig empfunden hat, ist es für den Jüngsten, den Deutsch-Briten Kai Whittaker, Jahrgang 1985, eine Selbstverständlichkeit gewesen.

Gitta Connemann hat meine Fragen schriftlich beantwortet, mit Kai Whittaker und Lars Castellucci habe ich Telefoninterviews geführt. Wichtig waren mir bei allen drei Abgeordneten folgende Fragen: Wie stehen die Europakinder, die den Weg in die Politik gefunden haben, zu Themen wie Doppelstaatsbürgerschaft? Welche Erwartungen haben sie an und welche Hoffnungen für die EU? Inwieweit beeinflussen ihre persönlichen Erfahrungen mit zwei Heimatländern ihre Politik?

# »Wir Kinder haben mit unseren Eltern gelitten«

*Gitta Connemann*

Gitta Connemann, Jahrgang 1964, hat eine niederländische Mutter und einen deutschen Vater. Sie ist in Holtland, Niedersachsen, aufgewachsen und seit 2002 für die CDU Mitglied des Deutschen Bundestags.

*Sie sind mit einem deutschen Vater und einer niederländischen Mutter in Deutschland groß geworden. Wie haben Ihre Eltern sich kennengelernt?*

Meine Eltern trafen sich das erste Mal in den Niederlanden. Mein Vater hatte einige Zeit zuvor die Landjugend in Ostfriesland gegründet. Für diese engagierte er sich ehrenamtlich neben seiner Arbeit auf dem elterlichen Hof. Sein Vater war während des »Dritten Reichs« Ortsbauernführer gewesen. Er selbst war Pimpf in der Hitler-Jugend. Am Ende des Krieges war er zwölf Jahre alt. Diese Erfahrungen führten dazu, dass mein Vater sich in seiner Jugend außerordentlich kritisch mit dem Nationalsozialismus auseinandersetzte. Er beschäftigte sich intensiv mit den Ursachen und Folgen des Zweiten Weltkriegs. So wurde ihm der Wert stabiler nachbarschaftlicher Beziehungen bewusst. Daraufhin suchte er den Kontakt zu jungen Menschen in den Niederlanden, die sich in der dortigen Landjugend engagierten. In diesem Kontext besuchte er den Vater meiner Mutter, der ein landwirtschaftliches Gut in den Niederlanden leitete. In dem kleinen niederländischen Dorf Woldendorp fand die erste Begegnung meiner Eltern statt.

*Welche Hürden musste Ihre Mutter überwinden, um in Deutschland heimisch zu werden. Ist die Integration gelungen?*

1963 heirateten meine Eltern. Meine Mutter zog nach

Deutschland, nein, sie wanderte aus. Denn sie musste ihre niederländische Staatsangehörigkeit aufgeben. Nicht nur die neue Sprache machte es ihr schwer. Auch der Empfang, der ihr bereitet wurde, war verhalten. Sie wurde als »die Holländerin« beäugt, gegängelt und geschnitten. Zu dieser Zeit war Willkommenskultur unbekannt. Meine Mutter erhielt lediglich Unterstützung durch meinen Vater und seine Mutter. Widerstand erfuhr sie vom Vater meines Vaters, der meine Mutter nie als gleichwertig akzeptierte. Nachbarn gängelten sie. Mein Vater stritt für sie. Am Ende gehörte es für ihn dazu, sich von vermeintlichen Freunden zu trennen. Über die Jahre fasste meine Mutter in Deutschland Fuß und brachte sich mit ein. Sie initiierte die Gründung des Landfrauenvereins in meinem Heimatdorf Holtland. Später engagierte sie sich im Kirchenvorstand unserer Kirchengemeinde. Heute ist Deutschland ihre Heimat.

*Fühlten Sie sich als Kind und Jugendliche anders als Ihre Freunde? Wenn ja, warum? Wie würden Sie Ihre Kindheit und Jugend vor Ihrem familiären Hintergrund beschreiben?*

Ja, ich lebte zwischen oder auch mit zwei Sprachen, zwei Währungen, zwei Kulturen. Und ich spürte Misstrauen, manchmal blanken Hass. Wenn unser Auto mit deutschem Kennzeichen vor dem großelterlichen Haus in Woldendorp stand, wurde es mit Steinen beworfen. Manchen Kindern wurde verboten, mit dem *duitse meisje* zu spielen. Zurück in Deutschland ging es weiter. Dort erlebte ich die Ausgrenzung meiner Mutter und die Vorwürfe gegenüber meinem Vater. Über viele Jahre hinweg wurde ihr bei Treffen der Nachbarn oder dörflichen Veranstaltungen mehr als deutlich gezeigt, dass sie nicht dazugehörte. Wir Kinder haben mit unseren Eltern gelitten.

*Inwiefern haben diese frühen Erfahrungen Sie geprägt?*

Es hat mich geprägt, wie ich aufgewachsen bin. Ich lernte früh, genau hinzuhören. Denn Ablehnung ist in vielen Zwischentönen zu spüren. Ich lernte, mich mit meinen Eltern zu

*Gitta Connemann und ihre Mutter*

solidarisieren. Von vornherein empfand ich es als Privileg, zwei Länder zu erleben. *Sinterklaas* feierte ich in den Niederlanden, Weihnachten in Deutschland. In den Ferien lebte ich bei den Großeltern in Woldendorp, in der Schulzeit in Deutschland. Ich sprach Niederländisch und Deutsch, lernte *hagelslag, matzes, cassis, pindasauce* ebenso lieben wie Grünkohl, Teekuchen und Sahnetorte. In mir vereint sich der Pragmatismus der Niederländer mit der Verlässlichkeit der Deutschen.

*Wie charakterisieren Sie Ihre Beziehung zu den Niederlanden? Ist es auch Heimat für Sie?*

Ja, auch die Niederlande sind für mich Heimat. Denn sie sind mein Mutterland. Es ist nicht die vertraute Beziehung wie zu Deutschland. Aber es besteht eine Bindung. Deshalb habe ich auch einen Teil meines Referendariats in den Niederlanden verbracht. Ein Traum wäre es, dort einmal für längere Zeit zu leben.

*Was bedeutet Ihnen die Binationalität heute – beruflich und privat?*

Privat hat mich meine Binationalität geprägt. In meinem Freundes- und Bekanntenkreis spielt sie aber keine Rolle. Beruflich profitiere ich heute davon. Denn der von mir vertretene Wahlkreis grenzt unmittelbar an die Niederlande. Begegnungen mit niederländischen Firmen, Einrichtungen und Verbänden gehören zur Tagesordnung. Hier helfen mir die Kenntnisse der niederländischen Sprache sowie der kulturellen Eigenheiten. Rein rechtlich gelte ich als Deutsche mit Migrationshintergrund. Dies führt bei vielen Menschen zu Überraschung oder Schmunzeln. Offenkundig haben die meisten Menschen in Deutschland ein bestimmtes Bild von Einwanderern und ihren Nachkommen. Interessanterweise macht es dabei keinen Unterschied, ob der Fragesteller oder die Fragestellerin selbst einen solchen Hintergrund hat oder nicht. Die landläufige Vorstellung geht anscheinend unabhängig von der Herkunft davon aus: Einwanderer kommen aus fernen Ländern und sehen fremdländisch aus. Dazu passe ich natürlich nicht. Am Ende bleibe ich also eine Grenzgängerin.

*Europafamilien, die in diesem Buch beschrieben werden, sind im Alltag mit vielen Herausforderungen konfrontiert. Neben sprachlichen, kulturellen und geografischen gibt es auch Hürden, die durch die unzureichende Gesetzgebung entstehen. Woran liegt das Ihrer Meinung nach?*

Es fehlt unter anderem an einem europäischen Zivilrecht. Für Heirat, Scheidung, Erbschaft, Wahlrecht, Rentenanspruch, Bildungssystem etc. gelten damit nationale Regelungen – mit ihren großen Unterschieden. Es gibt kein einheitliches Sozialversicherungssystem. Und in Sachen Bildung gibt es allein schon in Deutschland einen föderalen Flickenteppich. Der Wille zur Gemeinsamkeit war und ist auf diesen Feldern nicht ausgeprägt – leider.

*Die EU steht an einer Gabelung. Viele Menschen fürchten, dass der Brexit der Anfang vom Ende unseres Staatenbundes ist. Wie sehen Sie das?*

Die Gefahr besteht. Denn es stellt sich die Frage, ob nun nicht die Fliehkräfte stärker werden. Es könnte sich ein Dominoeffekt ergeben. Dieser könnte sich auch aus der Hoffnung ergeben, im Zuge eines Austritts weiterer Länder bessere Konditionen für das eigene Land aushandeln zu können. Deshalb wird die Neuverhandlung der Beziehungen zwischen der EU und Großbritannien auch von größter Bedeutung sein. Auf der anderen Seite führt der Brexit den verbleibenden Staaten die Zerbrechlichkeit der EU vor Augen. Gerade in Zeiten großer Unsicherheiten im Bereich der Innen- und Außenpolitik könnte dies zu einer erhöhten Sensibilität und damit dem Interesse an einer starken EU führen.

*Inwiefern beeinflussen Ihre persönlichen Erfahrungen Ihre Politik?*

Meine persönlichen Erfahrungen haben mich geprägt. Damit beeinflussen sie auch meine Politik. Ich bin, wie ich bin – dank meiner Mutter und meines Vaters.

*Welche Zukunft wünschen Sie sich für die EU?*

Eine starke.

# »Ich bin ein großer Menschenfreund«
## *Lars Castellucci*

Lars Castellucci, Jahrgang 1974, wuchs mit einer deutschen Mutter und einem italienischen Vater in Wiesloch, Baden-Württemberg, auf. Er ist seit 2013 SPD-Abgeordneter im Bundestag.

*Sie sind mit einem deutschen und einem italienischen Elternteil in Deutschland groß geworden. Wie haben Ihre Eltern sich kennengelernt?*

Meine Eltern haben sich Ende der 1950er-Jahre mit Anfang zwanzig am Strand kennengelernt, als meine Mutter an der Blumenriviera Urlaub machte. Mein Vater besuchte dort zur selben Zeit seinen Bruder.

*Welche Hürden musste Ihr Vater überwinden, um in Deutschland heimisch zu werden? Ist die Integration gelungen?*

Die Integration ist schon gelungen, wobei ich das Wort nicht leiden kann. Es geht ja eigentlich um das Zusammenleben, das alle angeht, nicht nur die, die sich integrieren sollen. Als Italiener in Wiesloch, das war damals schon etwas Besonderes. Ich habe großen Respekt vor meinen Eltern. Um Deutsch zu lernen, ist mein Vater nach der Arbeit mit Straßenbahnen und Bussen zu einer Sprachschule nach Karlsruhe gefahren, Unterstützung gab es damals keine. Aber es gab einen unbändigen Wunsch, es in der Ferne hinzukriegen und die Familie durchzubringen. Diese Energie sehe ich auch heute bei vielen, die zu uns kommen. Das für ihn schwierigste Wort war übrigens Streichholzschachtel, das konnte er nicht aussprechen. Bei uns zu Hause wurde hochdeutsch gesprochen, nicht der schöne Wieslocher Dialekt, weil meine Mutter wollte, dass er richtiges Deutsch lernt.

*Lars Castellucci*

*Fühlten Sie sich als Kind und Jugendlicher anders als Ihre Freunde? Wenn ja, warum?*

Ja, einfach deshalb, weil niemand meinen Nachnamen aussprechen konnte. Das macht was mit Kindern. Ich war damals eher eine Ausnahme mit so einem Namen. Ich habe immer überlegt, wie die Leute wohl reagieren, wenn sie meinen Namen hören. Dann kamen immer dieselben Fragen: Wieso heißt du so? Wie schreibt man das? Das war als Kind schon komisch, der Name ist ja auch ein Stück der Identität. Ich habe daraus gelernt, dass Anderssein nicht immer betont werden darf, denn dann lässt man die Leute in ihrer anderen Welt. Dabei ist jeder auf seine Art eigen und besonders, und das ist auch gut so.

*Beschreiben Sie bitte Ihre Kindheit und Jugend vor Ihrem familiären Hintergrund.*

Da fallen mir vor allem Musik und Verwandtschaftsbesuche ein. Wir hatten ein altes Klavier bei uns in der Wohnung, und eigentlich konnte niemand darauf spielen. Aber ein Italiener und Musik, die ziehen sich einfach an. Mein Vater hat sich manchmal an das Klavier gesetzt, und ich habe dann mit sechs Jahren Klavierunterricht genommen. Ich bin mit La Traviata aufgewachsen. Für meinen Vater war das Volksmusik. Das ist Italien. Wir sind alle zwei Jahre in den Ferien zu den Verwandten nach Italien gefahren. Auch wenn ich die Urlaube nicht mochte, weil wir nie viel unternommen haben, habe ich dort unheimlich viel aufgesogen. Ohne zweisprachig aufgewachsen zu sein, verstehe ich das Land doch mit dem Herzen.

*Inwiefern haben diese frühen Erfahrungen Sie geprägt?*

Für Fragen der Integration bringe ich Sensibilität und Empathiefähigkeit mit. Wenn Leute Vorbehalte haben, dann liegt das in der Regel daran, dass sie etwas nicht kennen, aber sich gleichzeitig keine Mühe machen, sich mit den fremden Inhalten zu befassen. Und dann bleiben sie bei ihren Vorbehalten. Das passiert mir eher nicht. Nicht weil ich alles kenne, sondern weil ich weiß, was ich alles nicht kenne. Rausgekommen ist jedenfalls ein großer Menschenfreund.

*Wie würden Sie Ihre Beziehung zu Italien charakterisieren? Ist es auch Heimat für Sie?*

Heimat ist mein Städtchen Wiesloch, die Kurpfalz und auch Deutschland. Ich bin, glaube ich, sehr deutsch. Gleichzeitig habe ich eine spezielle Bindung zu Italien und fühle mich da auch zu Hause. Irgendwas von mir kommt an, wenn ich da bin.

*Europafamilien, die in diesem Buch beschrieben werden, sind im Alltag mit vielen Herausforderungen konfrontiert. Neben sprachlichen, kulturellen und geografischen gibt es Hürden, die durch die unzureichende Gesetzgebung entstehen. Oftmals harmonieren Rechte innerhalb der EU (noch) nicht miteinander, was Heiraten, Scheidungen, Erben, Rentenanspruch, Wahlberechtigung oder Bildungssysteme angeht. Woran liegt das Ihrer Meinung nach?*

Daran, dass es noch keiner geändert hat. Vielleicht muss man auch nicht alles ändern. Am Ende passiert politisch etwas, wenn sich jemand dafür einsetzt. Vielleicht sind die speziellen Probleme zu wenig präsent. Was Wahlen angeht, bin ich ohnehin dafür, dass jeder dort wählen kann, wo er dauerhaft lebt und arbeitet. Man müsste sich nur auf eine Zeit einigen, also wie lange jemand in einem Land gelebt haben muss, um dieses Recht zu erhalten.

*Die EU steht an einer Gabelung. Viele Menschen fürchten, dass der Brexit der Anfang vom Ende unseres Staatenbundes ist. Wie sehen Sie das?*

Willy Brandt hat einmal gesagt, eine Sozialdemokratie ohne Hoffnung ist wie eine Kirche ohne Glauben. Ich bin ein sehr optimistischer Mensch und lasse mir das auch nicht nehmen. Trotzdem sehe ich, dass die EU in einer riesigen Krise steckt, und vielleicht haben wir den Tiefpunkt noch nicht erreicht und stürzen weiter ab. Aber das ist auch unsere Chance, dabei zur Besinnung zu kommen. Im Moment verstehen die Menschen nicht mehr, dass die Europäische Union wirklich Sinn macht. Ich glaube, irgendwann wird klar sein, dass wir uns wieder zusammenraufen müssen, weil wir Probleme wie Klimawandel und Migration nicht alleine lösen können. Wir müssen lernen, mit einer Stimme zu sprechen, sonst dringen wir international nicht durch.

*Inwiefern beeinflussen Ihre persönlichen Erfahrungen Ihre Politik?*

Gut zusammenleben, das ist es, wofür ich arbeite. In meinem Heimatort Wiesloch bereite ich zurzeit ein Projekt vor: den Wieslocher Handschlag. Ziel der Aktion ist es, unser Zusammenleben noch besser zu gestalten. Dazu ziehen wir per Zufallsprinzip Namen aus dem Einwohnermelderegister, laden die Menschen ein und reden mit ihnen darüber, was für sie gutes Zusammenleben ausmacht. Was könnte jeder Einzelne dazu beitragen? Wie können wir das Ziel gemeinsam erreichen? Es ist wichtig, dass man sich begegnet und miteinander, nicht übereinander spricht. Es ist normal, dass man Vorurteile hat, die habe ich auch. Aber man muss sie sichtbar machen. Und dann findet man hinterher vielleicht immer noch manches doof, aber meistens merkt man doch: Eigentlich kann ich den anderen so akzeptieren, wie er ist, und umgekehrt.

*Ist die deutsche Politik multikulturell genug? Reflektiert sie die Lebenswirklichkeit an der Basis?*
Ich bin eher für den Begriff Vielfalt als für Multikulti. Im Moment scheint es mir noch zu bemüht, jemanden mit Migrationshintergrund irgendwo ins Schaufenster zu stellen. Gut ist es erst, wenn nicht mehr wichtig ist, wo jemand irgendwann einmal herkam.

*Welche Zukunft wünschen Sie sich für die EU?*
Die SPD hat 1925 schon die Vereinigten Staaten von Europa in ihr Heidelberger Grundsatzprogramm geschrieben. Das fand ich sehr weitsichtig. Dafür will ich gerne weiterarbeiten. Wir sind ein gutes Beispiel dafür, fast einzigartig auf der Welt, wie man es lernen kann, auf so engem Raum trotz aller Unterschiede gut miteinander zurechtzukommen. Jetzt möchte ich nicht in den Eurozentrismus kippen, indem ich denke: Am europäischen Wesen soll die Welt genesen. Aber doch, ich finde, wir haben, auch mit unseren teilweise schlimmen Erfahrungen, die wir gemacht und aus denen wir gelernt haben, etwas beizutragen in der Welt. Und dafür setze ich mich ein.

# »Ohne die EU gäbe es mich nicht«
## *Kai Whittaker*

Kai Whittaker, Jahrgang 1985, hat eine deutsche Mutter und einen britischen Vater. Er ist in Baden-Baden, Baden-Württemberg, aufgewachsen und seit 2013 für die CDU im Bundestag.

*Sie sind mit einem deutschen und einem britischen Elternteil in Deutschland groß geworden. Wie haben Ihre Eltern sich kennengelernt?*

Meine Eltern haben sich Anfang der 1980er-Jahre beim Squash kennengelernt. Sie waren damals beide Anfang zwanzig. Mein Vater war zu der Zeit in der Squash-Bundesligamannschaft und hat Anfänger unterrichtet. Meine Mutter wollte Squash lernen. Ich glaube, sie mochten sich schon während des Kurses, aber richtig gefunkt hat es dann am Abend, als beide zufällig auf derselben Party eingeladen waren. Mein Vater war zu dem Zeitpunkt schon vier bis fünf Jahre in Deutschland und konnte sich ganz gut auf Deutsch unterhalten. Er hat für sich sehr früh entschieden, dass er nicht mehr in Großbritannien leben wollte. Im Großbritannien der 1970er-Jahre gab es eine hohe Arbeitslosigkeit. Deutschland ging es besser. Man könnte sagen, dass mein Vater als Wirtschaftsmigrant hierherkam.

*Welche Hürden musste Ihr englischer Vater überwinden, um in Deutschland heimisch zu werden. Ist die Integration gelungen?*

Eine große Hürde war für meinen Vater die Sprache. Er hat keinen Sprachkurs besucht, sondern sich alles selber beigebracht. Dabei musste er sich eine Existenz aufbauen. Er hatte kein Netzwerk hier, kannte niemanden und musste gleich Geld verdienen. Das war vielleicht die größte Hürde. Aber ich könnte mir vorstellen, dass er es gar nicht so gesehen hat. Mit Anfang zwanzig war er ja voller Schaffenskraft und Tatendrang. Für seine Eltern war es in Ordnung, dass er in Deutschland leben wollte, aber in der weiteren Verwandtschaft wurde die Beziehung zwischen meinen Eltern nicht befürwortet. Da hingen noch Befindlichkeiten aus dem Zweiten Weltkrieg dran. Einige englische Familienmitglieder sind der Hochzeit meiner Eltern sogar ferngeblieben. Dafür sind andere gekommen, die festgestellt haben, dass sie an der gleichen Front stationiert waren wie Verwandte meiner Mutter. Auf gegenüberliegenden Seiten. Die Familie in Deutschland war auch ein wenig skeptisch wegen des Engländers. Sie wussten nicht so recht, was sie davon halten sollten. Im Rückblick kann man sagen, dass die Integration gelungen ist.

*Fühlten Sie sich als Kind und Jugendlicher in Baden-Baden »anders« als Ihre Freunde? Wenn ja, warum?*

Ich fühlte mich nicht anders, weil ich nicht der Einzige war, der Eltern aus unterschiedlichen Ländern hat. Es gab andere mit Doppelstaatsangehörigkeit. Einen Franzosen, Portugiesen, Südafrikaner, Türken. Ich habe mich nicht anders oder als Ausländer gefühlt. Wenn die Briten bei der WM und EM früh rausgeflogen sind, gab es natürlich Sprüche von Freunden, aber damit konnte ich gut umgehen.

*Wie würden Sie Ihre Kindheit und Jugend vor Ihrem familiären Hintergrund beschreiben?*

Ich bin behütet aufgewachsen, ähnlich wie andere Gleichaltrige. Ein Unterschied war vielleicht, dass ich früh alleine nach England gereist bin, so mit fünf oder sechs Jahren. Mit einem Umhängetäschchen von der Fluggesellschaft bin ich von Frankfurt am Main nach Birmingham geflogen. Meine Großeltern haben mich abgeholt. Ich war regelmäßig dort. Natürlich habe ich Unterschiede festgestellt. Die Architektur war ganz anders, der Straßenverkehr. Aber ich habe mich nicht als Ausländer gefühlt. England wurde mein zweites Heimatland. Meine Großeltern haben versucht, mir viel zu zeigen: Burgen, Schlösser

*Kai Whittaker*

und historische Stätten, das war schon toll. Wir waren auch mal im Center Park und sehr viel in der Natur. Meine Großeltern haben mir auch die englische Sprache beigebracht. Mein Vater wollte mit mir nicht englisch in Deutschland reden. Er sagte, wenn man in Deutschland lebt, spricht man deutsch. Bevor ich das erste Mal alleine nach England fuhr, konnte ich bitte, danke, ich habe Durst und ähnliche Dinge sagen. Mehr nicht. Ich spreche nach wie vor deutsch mit meinem Vater. Nur wenn wir in England sind, sprechen wir englisch.

*Inwiefern haben diese frühen Erfahrungen Sie geprägt?*

Ich habe schon früh gelernt, dass es andere Länder auf dieser Welt gibt, die andere Kulturen und Geschichten haben. Das fand ich schon immer sehr spannend. Die unterschiedlichen Geschichten der zwei Länder prägen mich in meinem Denken und haben meinen Horizont von Anfang an erweitert. Ich fühle mich in beiden Nationen heimisch und identifiziere mich mit beiden. Ich kann mich freuen, wenn die Deutschen die WM gewinnen. Ich war aber auch beim letzten Kronjubiläum von Queen Elizabeth. Da bin ich dann genauso patriotisch. Man kann für zwei Länder eine große Liebe entwickeln. In meiner Teenagerzeit war ich manchmal etwas hin- und hergerissen, weil ich nie genau wusste: Bist du nun eigentlich Deutscher oder Brite? Damit einher ging ein leichtes Fremdheitsgefühl. Aber jetzt empfinde ich es als Bereicherung, dass ich die Sicht auf die Dinge so leicht wechseln kann. Gerade auch im Hinblick auf die EU. Ich finde es spannend, wie unterschiedlich Deutsche und Briten auf die EU gucken. Ich kann beide Positionen nachvollziehen, obwohl beide Positionen nicht in Konkurrenz zueinander stehen.

*Was für eine Beziehung haben Sie zu dem Land Ihres Vaters? Ist es auch Heimat für Sie?*

Großbritannien ist genauso Heimat für mich wie Deutschland. Ich habe das besonders stark gespürt, als ich vier Jahre lang in Bristol und London studiert habe. Ich habe auch beide Staatsangehörigkeiten.

*Was bedeutet Ihnen die Binationalität heute – beruflich und privat?*
Privat bedeutet sie mir, dass sie Ausdruck meiner Familiengeschichte ist. Die möchte ich auf keinen Fall missen. Beruflich hat es bisher kaum eine Rolle gespielt. Allerdings merke ich durch die Diskussionen der letzten Monate, dass da eine gewisse Verantwortung mitschwingt. In der Debatte um die Doppelstaatsangehörigkeit wird das Argument der Loyalität diskutiert. Gegner der Doppelstaatsangehörigkeit sagen, dass man nicht zwei Staaten gegenüber loyal sein kann. Dieser Argumentation schließe ich mich nicht an, sondern widerspreche ihr. Ich vergleiche das immer mit Vater und Mutter, denen man als Kind gegenüber loyal sein kann, auch wenn die beiden sich vielleicht nicht verstehen. Genauso kann man zwei Ländern zugetan sein, die unterschiedlich ticken. Deshalb teile ich die Kritik nicht und fühle mich in der beruflichen Verantwortung, dafür zu kämpfen.

*Europafamilien, die in diesem Buch beschrieben werden, sind im Alltag mit vielen Herausforderungen konfrontiert. Neben sprachlichen, kulturellen und geografischen gibt es auch Hürden, die durch die unzureichende Gesetzgebung entstehen. Oftmals harmonieren Rechte innerhalb der EU (noch) nicht miteinander, was Heiraten, Scheidungen, Erben, Renten, Wahlen, Bildungssysteme etc. angeht. Woran liegt das Ihrer Meinung nach?*
Schwer zu beantworten. Meine Mutter hat mir erzählt, dass ihre Heiratsabsicht sechs Monate vor der Hochzeit beim Standesamt angemeldet werden musste, damit das Standesamt wiederum einen Aushang machen konnte, um Zweiflern ausreichend Zeit zu lassen, die Hochzeit zu beanstanden. Es ging wohl hauptsächlich um die Frage, ob mein Vater zuvor schon einmal verheiratet war.

Mir fällt noch etwas ein: Mein Vater ist in der seltsamen Situation, dass er in Großbritannien nicht mehr wählen darf, weil er dort schon zu lange nicht mehr lebt, aber in Deutschland darf er auch nicht wählen, weil er keine deutsche Staatsangehörigkeit hat. Er zählt zu den Europäern, die ihr demokratisches Wahlrecht nicht ausüben dürfen. Es ist ein Minderheitenthema. Ich glaube, dass es nie im Fokus der EU war, diese Bereiche zu harmonisieren. Es ging vornehmlich um den Binnenmarkt und die EU als Friedensprojekt. In die Souveränität des Gesellschaftsrechts will man den Staaten nicht reinreden. Deshalb kommen die Harmonisierungen da immer nur schleppend zustande.

*Die EU steht an einer Gabelung. Viele Menschen fürchten, dass der Brexit der Anfang vom Ende unseres Staatenbundes ist. Wie sehen Sie das?*

Ich weiß es nicht. Wenn nichts passiert, dann schließe ich nicht aus, dass die Europäische Union sich weiterhin zerlegt. Aber wenn die EU den Brexit nutzt, um die Schwächen, die sie hat, zu beseitigen, dann kann es dazu führen, dass die EU wieder viel mehr Ansehen in der Bevölkerung bekommt, als das aktuell der Fall ist. Uns europäische Länder verbindet mehr als uns trennt. Das zeigen auch die Europafamilien.

Ich würde mich freuen, wenn die EU zukünftig mehr Geld in Bildung steckt. Das Sprachniveau der jungen Leute ist in einigen Ländern erschreckend gering. In vielen Ländern sprechen die Jugendlichen kein Englisch. Ich würde mir wünschen, dass die europäischen Länder einen Kraftakt unternehmen und da mehr investieren. Wenn mehr Austausch unter den EU-Ländern stattfinden soll, dann geht das meiner Meinung nach nur über gemeinsame Sprachen. Jedes EU-Land sollte seinem Nachwuchs zwei Fremdsprachen vermitteln. Aber dieses Denken ist längst nicht in allen Ländern vorhanden.

Ich denke auch, dass wir in der EU mehr Rechtstreue entwickeln müssen. Die Dinge, die in Brüssel beschlossen werden, müssen umgesetzt werden. Wir diskutieren jetzt seit Jahren immer wieder dieselben Themen. Das ist zermürbend, dass das Regelwerk immer wieder hinterfragt wird. Das ist so, als wenn man beim Fußball immer wieder diskutieren würde, ob man das Abseits einführen oder abschaffen soll und die Tore 120 oder 90 Meter auseinanderstehen müssen. Das ist grotesk und das lässt viele Menschen verzweifeln an der Europäischen Union.

Ein weiterer Punkt ist, dass die EU den Eindruck erweckt, dass es leichter ist, sich bei kleinen Themen einig zu werden als bei großen. Bei außenpolitischen Themen herrscht oft Stillschweigen, da macht die EU nichts. Es ist schon ein eklatantes Missverhältnis zwischen Anspruch und Wirklichkeit. Die EU wurde gegründet, um Aufgaben zu lösen, für die die nationalen Staaten zu klein sind. In der Regel sind das globale Aufgaben, Sicherheit, Klimaschutz, Handelsbeziehungen. Aber genau bei diesen Themen verzettelt sich die EU. Das ist das Bittere an der ganzen Geschichte. Und es ist das, was die Briten zu Recht eingefordert haben. Sie wollten die EU reformieren, aber Brüssel hat geblockt. Ich kann verstehen, dass das die Briten so frustriert hat, dass sie sich fragten, was sie noch in der EU sollen, wenn sich nichts verändert. Ich habe als Brite gegen den Brexit gestimmt, aber die Diskussion halte ich für berechtigt und glaube auch, dass viele Bürger in Deutschland sie einfordern.

*Inwiefern beeinflussen Ihre persönlichen Erfahrungen Ihre Politik?*
Ich engagiere mich in der deutsch-britischen Parlamentariergesellschaft und versuche, trotz Brexit einen engen Austausch zu wahren. Und natürlich habe ich auch einen wohlwollenden Blick auf die EU und ihre Leitideen, weil sie eng mit meiner Lebensgeschichte verknüpft sind. Ohne die EU gäbe es mich nicht, das muss ich deutlich sagen.

*Ist die deutsche Politik multikulturell genug? Reflektiert sie die Lebenswirklichkeit an der Basis?*
Im Deutschen Bundestag sitzen 37 Bundestagsabgeordnete

mit Migrationshintergrund. Prozentual reflektiert diese Zahl nicht die Lebenswirklichkeit in Deutschland. Ich habe jedoch das Gefühl, dass wir in Zukunft mehr Menschen mit Migrationshintergrund in der Politik sehen werden.

*Welche Zukunft wünschen Sie sich für die EU?*
Ich wünsche mir, dass die EU eine eigenständige Außen- und Sicherheitspolitik entwickelt. Ich bin überzeugt, dass ihr Platz in der westlichen Wertegesellschaft liegt, aber wir müssen schon auch erwachsen werden und für unsere eigene Sicherheit sorgen. Wir werden es uns nicht mehr leisten können, uns wegzuducken. Wir müssen Flagge zeigen. Wir müssen uns nicht in jeden Konflikt einmischen, aber potenzielle Konflikte auf dem Radar haben und notfalls selbstbewusst unsere Grenzen verteidigen. Das würde ich mir wünschen. Und dann natürlich, dass wir die schreckliche Krankheit der Renationalisierung hinter uns lassen. Die macht mir große Sorgen.

# AUSBLICK

## Wir könnten das kostbarste Gut exportieren, das eine Gesellschaft zu bieten hat: Frieden

Während ich im Frühjahr 2017 diesen Ausblick schreibe, ist oft von Europaromantikern die Rede. Es ist kein Kompliment. Europaromantikern wird bestenfalls Naivität, meistens jedoch grobe Fahrlässigkeit vorgeworfen, weil sie an einen Traum glauben, der angeblich niemals wahr werden kann. Aber der europäische Traum ist keine Vision realitätsferner Romantiker. In weiten Teilen unseres Kontinents ist er Wirklichkeit, wie die Geschichten der Familien, die in diesem Buch erzählt werden, zeigen.

Die Möglichkeit, in einem anderen europäischen Land zu leben und zu arbeiten, steht jedem offen, der einen EU-Pass hat. Immer mehr Europäer machen aus verschiedenen Gründen davon Gebrauch. Innereuropäische Mobilität ist nichts Neues. Jahrhundertelang reisten Künstler und Gelehrte durch die europäischen Länder, um sich inspirieren zu lassen. Bahnbrechende gesellschaftliche Entwicklungen wie die Aufklärung, die Französische Revolution oder die Reformation beeinflussten den gesamten Kontinent. Menschen flohen vor Kriegen, wirtschaftlichen Notständen oder religiöser Verfolgung und fanden in anderen Ländern Zuflucht.

Von der europäischen Vielfalt zu profitieren, ist heute all denen möglich, die bereit sind, Sprachen zu lernen und andere Sitten zu tolerieren – im Gegenzug öffnen sich Welten. Die EU-Kommission ist bemüht, mit Programmen wie dem Uni-Austauschprogramm Erasmus und seinem nichtakademischen Äquivalent Erasmus+ den Zugang zu anderen Ländern noch leichter zu machen. Darüber hinaus gibt es Bestrebungen, einen EU-weiten Arbeitsmarkt zu etablieren und Arbeitsuchende EU-weit zu vermitteln. Ist das Europaromantik? Nein. Es ist der Versuch, den Kontinent als einen grenzenlosen Raum der Möglichkeiten zu begreifen und ihn für seine 500 Millionen Einwohner in allen Lebensbereichen zu erschließen. Welche sinnvolle Alternative könnte es dazu geben?

Ich erinnere mich noch, dass ich mich im Geschichtsunterricht in der Schule oft gefragt habe, wie es in Deutschland zum Nationalsozialismus kommen konnte. Warum es nicht möglich war, die menschenverachtende Politik Hitlers zu stoppen. Als mir bewusst wurde, dass meine eigenen Großeltern ihre Jugend und junge Erwachsenenzeit in Hitler-Deutschland erlebt hatten, rückte das »Dritte Reich« näher und damit auch die Frage: Was hätte ich eigentlich an ihrer Stelle getan? Hätte ich versucht, mich gegen die große Politik zu stellen?

Was kann man tun, wenn einen die politischen oder gesellschaftlichen Entwicklungen beunruhigen? Diese Frage ist in meinen Gesprächen mit den Europafamilien immer wieder aufgetaucht. Viele meiner Gesprächspartner nehmen mit zunehmender Besorgnis wahr, wie sich die Politik in Europa entwickelt, nämlich in eine Richtung, von der wir dachten, wir hätten sie längst hinter uns gelassen. Wo führen die nationalistischen Strömungen, die in Frankreich, den Niederlanden, aber auch in Deutschland großen Zuspruch finden, eigentlich hin? Die Idee, eine proeuropäische Partei zu gründen, die alle diejenigen in sich vereint, die sich für eine gemeinsame und engere EU stark machen wollen, kam mehr als einmal in den Gesprächen auf. Aber wie gründet man eigentlich eine Partei?

Vielleicht müssen wir dem Brexit dankbar sein, weil er die Grenzen dessen, was erträglich ist, überschreitet und auch denen, die sich nicht für Politik interessieren, deutlich macht, was passieren kann, wenn wir die Dinge einfach laufen lassen. Wird es bald aus sein mit der Personen- und Warenfreizügigkeit? Den offenen Grenzen? Den ganzen Bequemlichkeiten, die wir Europäer als selbstverständlich ansehen? Dass Menschen in Großbritannien für ihre ausländischen Wurzeln diskriminiert werden – nicht überall, aber immer öfter und immer lauter, weil viele Briten denken, das Brexit-Votum legitimiere sie dazu –, erinnert an Zeiten, an die wir nicht gern zurückdenken. Bewegen wir uns rückwärts? Steuern wir auf vermeintlich überwundene Zustände zu, die eine Zukunft in Frieden ernsthaft in Gefahr bringen?

Man muss in Großbritannien zwischen denen unterscheiden, die sich mit ihrem Kreuzchen gegen die Brüsseler Politik gewandt haben, und denen, die sich ein Großbritannien à la Empire zurückwünschen. Dennoch ist durch den Brexit ein Prozess in Bewegung gekommen, der unweigerlich viele in Großbritannien lebende EU-Ausländer, und nicht nur die, vor die Frage stellt, ob sie als Nachbarn, Kollegen und Steuerzahler weiter auf der Insel erwünscht sind. Denn der Brexit ist mehr als nur eine Kritik an der EU-Politik. Er sagt: Allein, ohne euch sind wir besser aufgestellt.

Eine in Brüssel lebende niederländische Freundin sagte mir, sie sei nach dem britischen Referendum einige Tage richtig depressiv gewesen. Das Bekenntnis zum EU-Ausstieg habe sich für sie angefühlt, als sei ein naher Verwandter gestorben, obwohl sie keine privaten Verbindungen nach Großbritannien hat. Es ist ein Ausdruck dafür, dass innerhalb Europas über Jahrzehnte ein Familiengefühl entstanden ist. Gerade meine Generation, die den Mauerfall als Teenager erlebt hat und mit dem starken Gefühl, die Welt sei nun endlich in alle Richtungen offen, in die Erwachsenenwelt entlassen wurde, trifft die Erkenntnis, dass durch den Brexit neue Grenzen entstehen, hart. Die Selbstverständlichkeit, mit der wir in andere Länder gegangen sind und mit der wir Menschen aus anderen Nationen begegnet sind, sie hat Schaden genommen.

Aber vielleicht sollten wir den Brexit nicht überbewerten. Auch in den besten Familien gibt es Meinungsverschiedenheiten. Rebellierende Teenager knallen Türen und stürmen hinaus; nahe Verwandte, Geschwister verweigern wegen irgendwelcher Streitigkeiten den Kontakt; Ehen werden geschieden. Wichtig ist die Frage, wie Konflikte gelöst werden können. Im

März 2017 sieht der Brexit nach einer schwierigen Scheidung aus, was vielleicht daran liegt, dass sie einseitig eingereicht wurde. Es braucht Zeit, um sich an die neue Situation zu gewöhnen, sie zu verdauen und einen neuen Umgang miteinander zu definieren. Dass Geschiedene weiter miteinander Kontakt haben können, sogar gemeinsam Feste feiern, das habe ich bei der spanisch-deutschen Familie in Berlin gelernt. Für die Beziehung zwischen Großbritannien und der verbleibenden EU wünsche ich mir das auch.

Geschichte entwickelt sich rasant, das wissen alle, die auf mehr als ein Lebensjahrzehnt zurückblicken. »Beantragt eure deutschen Pässe, bevor die Grenzen wieder dichtmachen«, ist der Rat einer in Barcelona lebenden deutschen Mutter an ihre Kinder, die derzeit überall in Europa nur mit dem spanischen Reisedokument unterwegs sind. Sie hat Spanien unter Franco erlebt, aus ihrer Perspektive ist den europäischen Staaten viel zuzutrauen: im Guten wie im Schlechten. An vielen Orten Europas spürt man eine große Nervosität.

Ich weiß noch, wie ich im April 2004 auf dem Marktplatz in Wrocław gestanden und mit Tausenden Polen den EU-Beitritt gefeiert habe. Hoffnung und Freude spürte man unter den Menschen. Von dieser Aufbruchsstimmung ist 13 Jahre später nicht mehr viel übrig. Im Gegenteil, Endzeitatmosphäre macht sich breit. In Brüssel folgt eine Krise auf die nächste: Finanzkrise, Eurokrise, Flüchtlingskrise, jetzt auch noch Brexit. Aber ist es fair, die Europäische Union dafür verantwortlich zu machen? Welche Kompetenzen hat denn die EU-Kommission mit ihren 32 000 Mitarbeitern? Es sind ungefähr so viele Angestellte wie in den Verwaltungen einer deutschen Großstadt.

In diesem Jahr erinnert die EU an die Unterzeichnung der Verträge von Rom vor 60 Jahren. Es gibt kaum einen langweiligeren Weg, auf die Errungenschaften des Staatenbundes zu verweisen. Die Verträge von Rom sind so abstrakt und so weit von der Lebenswirklichkeit der Europäer entfernt wie jeder andere EU-Vertrag. Europafamilien hingegen verkörpern ein lebendiges Bild von dem, was sich über die Jahrzehnte in Europa entwickelt hat. Nicht wegen der Verträge, aber dank ihrer ist das gemeinsame Leben leichter und selbstverständlicher geworden. Es sind diese Geschichten, die erzählt werden müssen, um zu begreifen, was Europa ausmacht.

Jemand hat mal errechnet, dass die EU jeden Europäer pro Tag weniger als einen Euro kostet. Dafür sichert sie fundamentale Rechte, die wir hinnehmen, als hätte sie jeder Mensch dieser Welt. Wir haben das Recht auf Freizügigkeit und freie Wahl des Wohnortes innerhalb der EU sowie das Recht auf Nichtdiskriminierung aufgrund unserer Staatsangehörigkeit. In Form von Petitionen können wir uns mit persönlichen oder Themen von öffentlichem Interesse an das EU-Parlament wenden. Der EU-Bürgerbeauftragte nimmt Beschwerden über Missstände in den EU-Institutionen entgegen. Verbraucherschutzregeln sichern EU-weit Mindeststandards für Qualität, Sicherheit und Gesundheit, zum Beispiel die Kennzeichnung von gentechnisch veränderten Lebensmitteln. Wichtige Bereiche sind auch der Umweltschutz und der Schutz von Minderheiten. Die EU unterstützt die kulturelle Vielfalt.

In einer Zeit, in der in weiten Teilen der Welt Kriege toben, steht die Politik der EU für grundlegende Werte wie die Unantastbarkeit der Würde des Menschen, Freiheit, Demokratie, Gleichheit, Rechtsstaatlichkeit sowie die Wahrung der Menschenrechte. Ist das Europaromantik oder EU-Realität?

Ich wünsche mir, dass wir uns zum europäischen Gedanken bekennen, nicht nur als theoretisches Konzept, sondern als ein System, das Europafamilien und allen anderen – egal ob sie grenzübergreifend unterwegs sind oder nicht – einen von bürokratischen Barrieren befreiten Weg in eine gemeinsame, europäische Zukunft ebnet, in der wir unter Berücksichtigung unserer gemeinsamen Werte Vielfalt leben können. Die Welt ist kleiner geworden, die Wege kürzer; wer Zukunft denkt, muss global denken. Europäer sind nicht nur Menschen mit Wurzeln in den EU-Mitgliedsstaaten. Es sind auch Menschen, die aus Ländern außerhalb der EU kommen oder kommen wollen, weil sie den Reichtum an Sprachen und Kulturen und unsere Freiheiten schätzen – die gut hineinpassen in dieses kulturelle Gemisch, ihren Teil beitragen und sich, neben der Verbundenheit zu ihren Herkunftsländern, europäisch fühlen, auch weil sie unsere Werte anerkennen: Toleranz, Freiheit, Gleichheit, Gerechtigkeit, Solidarität, Frieden.

Wenn in den nächsten Monaten der Brexit verhandelt wird, sollte die EU etwas von der Gelassenheit zeigen, die mir in der deutsch-griechischen Familie begegnet ist. Haben wir wirklich Angst davor, dass weitere Länder dem britischen Beispiel folgen, wenn wir keine Härte demonstrieren? Stärke und Größe zeigt sich, wenn man Abtrünnigen gegenüber offen und wohlgesonnen bleibt. Oder besser noch: wenn die EU und wir, die in ihr leben, so überzeugen, dass man gar nicht anders kann, als ein Teil des gemeinsamen Bundes sein zu wollen – nicht weil es keine bessere Alternative gibt, sondern weil es gut ist, so wie es ist. Wenn wir uns als eine große Familie begreifen und uns die Lebenswelten zwischen den Kulturen erschließen – wie die Europafamilien in diesem Buch –, sind wir mit unserer Fähigkeit, zu differenzieren, tolerant im Umgang mit anderen zu sein, fremde Sprachen zu sprechen und multinational zu verhandeln, für die Zukunft in der globalen Welt gut vorbereitet. Dann könnten wir neben vielem anderen auch das wichtigste Gut exportieren, das eine Gesellschaft anzubieten hat und ohne das Wohlstand undenkbar ist: den Frieden, samt dazugehöriger Gebrauchsanleitung.

# ANHANG

# Wunschkatalog
## der Europafamilien

*Während meiner Gespräche mit den Europafamilien kamen wir immer wieder auf ihre Vorstellungen von der Zukunft der Europäischen Union zu sprechen. Ich habe einen Katalog zusammengestellt, der sowohl praktische als auch ideelle Wünsche vereint. Die Europafamilien wünschen sich:*

- die Teilnahme an der Parlamentswahl für EU-Bürger, die eine Mindestanzahl an Jahren (fünf bis zehn) in dem jeweiligen Land gelebt haben und es als ihren Lebensmittelpunkt betrachten.
- die Teilhabe an öffentlich-rechtlichen Fernsehprogrammen übers Internet, um informiert zu bleiben. Es muss möglich sein, aus dem Ausland auf die Online-Angebote der öffentlich-rechtlichen Sender in anderen EU-Ländern zuzugreifen.
- dass das Aussetzen des Schengener Abkommens, auf das einige skandinavische Länder sich im Zuge der Flüchtlingskrise verständigt haben, rückgängig gemacht wird. Es soll, wie seit der Einführung in den 1980er-Jahren üblich, keine Grenzkontrollen an den dänischen, schwedischen und finnischen Grenzen geben.
- dass die Menschen merken, was sie an Europa haben.
- dass Geflüchtete gleichmäßig auf die EU-Länder verteilt werden. Alle müssen helfen!
- dass Schul-, Uni- und Berufsabschlüsse EU-weit anerkannt und harmonisiert werden, sodass es bei Bewerbungen in einem anderen EU-Land keine Komplikationen gibt.
- einen europäischen Pass.
- dass die Leute in der Schule oder am Ausbildungs- oder Arbeitsort ermutigt werden, ihr Land zu verlassen, um in

anderen EU-Ländern Erfahrungen zu sammeln. Es sollten die Voraussetzungen dafür geschaffen werden, dass jeder Schüler bei einem Schüleraustausch oder einem freiwilligen europäischen Jahr Erfahrungen im europäischen Ausland sammeln kann.
- dass ein Europadialog initiiert wird, der Europäer aller sozialen Schichten einbezieht. Ziel soll es sein, zu erfahren, welche Art von EU sie sich wünschen. Auf dieser Basis sollten Strategien zur Umsetzung dieser Vorstellungen entwickelt werden.
- Europageschichte und -politik als obligatorisches Fach in der Schule. Jeder Schüler sollte verstehen, wie EU-Gesetze entstehen, und den Unterschied zwischen Europäischem Rat, EU-Kommission und EU-Parlament kennen. Außerdem sollen die politischen Systeme der anderen EU-Länder im Unterricht beherzigt werden, sodass junge Leute mehr Verständnis für ihre Nachbarländer entwickeln. Der Geschichtsunterricht muss aus neutraler Perspektive heraus gestaltet werden, sodass sich ein gesamteuropäisches Verständnis ergibt.
- mindestens zwei europäische Fremdsprachen für jeden Schüler.
- eine Europazeitung, die eine europäische Perspektive vermittelt und die Ansichten aller EU-Länder berücksichtigt. Ein Deutscher sollte verstehen, was ein Gipfelbeschluss zum Beispiel für Rumänien oder Portugal bedeutet, andersherum genauso.
- eine Partei, vielleicht sogar eine gesamteuropäische, die sich zur EU bekennt und es sich zum Ziel setzt, die europäische Integration konsequent zu verfolgen.
- offenere Gipfeltreffen der Staats- und Regierungschefs in Brüssel mit abschließender Pressekonferenz, in der die Resultate durch alle Beteiligten vertreten werden. Nationale Pressekonferenzen können im Anschluss stattfinden.
- dass der Europatag im Mai ein gesamteuropäischer Feiertag wird.

# Initiativen im Ausland: Zum Beispiel Deutsche Samstagsschulen in Großbritannien

*Anstatt darauf zu warten, dass die Politik sich für ihre Belange einsetzt, gründen viele im EU-Ausland ansässige Europäer eigene Initiativen, mit denen sie auf ihre Bedürfnisse verweisen, sich für ihre Rechte starkmachen oder ihre Sprache und Kultur in ihre Wohnsitzländer importieren, um sie auch für weitere Generationen zu erhalten. Die Deutsche Samstagsschule in Großbritannien ist ein prominentes Beispiel für letzteres Bestreben. Anfang der 1990er-Jahre aus deutschen Spielgruppen in London hervorgegangen, bietet sie in allen Regionen Großbritanniens rund 2000 Kindern mit deutschsprachigem Hintergrund die Möglichkeit, Deutsch lesen und schreiben zu lernen. Auch deutsche Traditionen werden hier gefeiert: Kinder basteln Laternen oder verkleiden sich zum Fasching.*

*Dass man nach einem Umzug in ein anderes europäisches Land nicht auf seine Sprache und Kultur verzichten muss, sondern sie auch dort weiterleben kann, ist eine Erkenntnis, die relativ neu ist, wie meine Gespräche ergeben haben. Zwei- oder gar dreisprachig aufzuwachsen war noch zu meiner Kinder- und Jugendzeit nicht immer eine Selbstverständlichkeit. Vielmehr wurde von Zugezogenen erwartet, sich sprachlich und kulturell zu integrieren. Dass das eine das andere nicht ausschließt – zu dieser Erkenntnis kommen immer mehr Europäer. Es ist möglich, verschiedene Sprachen und Traditionen gleichzeitig zu pflegen. Sie stehen nicht in Konkurrenz zueinander, sondern sie ergänzen sich. Es ist diese Vielfalt, die Europa ausmacht.*

Die Deutsche Samstagsschule wurde Anfang der 1990er-Jahre in London gegründet.
Insgesamt gibt es 26 Samstagsschulen in allen Regionen Großbritanniens.
Die kleinste Schule hat 12, die größte 220 Schüler zwischen vier und zwölf Jahren.
Insgesamt werden rund 2000 Schülerinnen/Schüler von etwa 200 Lehrerinnen/Lehrern unterrichtet.
Auf den Wartelisten in London stehen zum Teil um die 200 Schüler pro Schule.

*Die ersten deutschsprachigen Samstagsschulen entwickelten sich Anfang der 1990er-Jahre in London. Sie waren die Fortsetzung der Spielgruppen, aus denen die Kinder im Alter von vier bis fünf Jahren mit Beginn der Schulzeit in Großbritannien herauswuchsen. Um ihnen außerhalb der Familie weiteren Zugang zur deutschen Sprache zu ermöglichen und mit dem längerfristigen Ziel, den Kindern auch auf Deutsch lesen und schreiben beizubringen, haben die Initiativen sich über die Zeit zu ergänzenden Schulen entwickelt. Sie sind Ausdruck einer großen Anzahl deutschsprechender Familien(teile) in Großbritannien und zeugen von einem europäischen Selbstverständnis den Sprachen und der kulturellen Vielfalt gegenüber.*

*Die Deutschen Samstagsschulen bekommen keinerlei finanzielle Zuwendungen der Bundesregierung, von gelegentlichen Zuschüssen der deutschen Botschaft für Fortbildungsveranstaltungen abgesehen. Charlotte Schulze, Vorstandsvorsitzende des Vereins Deutscher Samstagsschulen (VDSS), erklärte mir, wie die Schulen funktionieren und wo sie konkreten Handlungsbedarf sieht, um sich im »sprachlichen Notstandsgebiet« in Großbritannien, wie sie es nennt, zu behaupten und den deutschen, halb deutschen oder an Deutsch interessierten Kindern im Kreise Gleichgesinnter die deutsche Sprache und Kultur zu vermitteln und zu vertiefen.*

*Charlotte Schulze ist Biologin, lebt in London und unterrichtet an der Open University. Sie hat einen deutschen Mann und lebt seit 29 Jahren in Großbritannien. Seit drei Jahren ist sie Vorsitzende der VDSS und war insgesamt 13 Jahre lang Lehrerin an der Samstagsschule in Islington, die auch ihre beiden Kinder besuchten. Meine Fragen beantwortete sie am Telefon:*

*Was ist die zentrale Idee der Deutschen Samstagsschule?*
Ausgangsidee war es, den deutschen und halb deutschen Kindern, die in Großbritannien aufwachsen und in englische Schulen gehen, einen Zugang zur deutschen Sprache und Kultur zu ermöglichen. Wir haben es de facto mit englischen Muttersprachlern zu tun, weil die Schulsprache meistens die dominante Sprache ist, egal ob die Kinder mit einem oder beiden Elternteilen zu Hause deutsch sprechen. Viele unserer Schüler haben ein sehr gutes, fast muttersprachliches Niveau im gesprochenen Deutsch. Die Defizite entstehen beim Lesen und Schreiben. Gedanken auf Deutsch zu Papier zu bringen, will geübt sein. Leider kann man sich dabei nicht auf den Fremdsprachenunterricht an den britischen Schulen verlassen.

*Wie kann ich eine Samstagsschule in meiner Stadt gründen?*
Ich bekomme regelmäßig diese Anfragen. Im Grunde kann so eine Initiative klein und deshalb relativ informell starten. Aber ab einer gewissen Größe ist es unbedingt empfehlenswert, Versicherungen abzuschließen, polizeiliche Führungszeugnisse der Lehrer einzuholen, Sicherheitsstandards einzuhalten und weitere Vorschriften zu beachten, die es in Großbritannien zu beherzigen gilt, wenn man Aktivitäten mit Kindern plant. Wichtig ist, dass jede Schule finanziell auf eigenen Beinen steht. Das Businessmodell muss daraufhin ausgerichtet sein. Natürlich besitzen wir Know-how und Informationen über verschiedene Schulmodelle. Sie stehen unseren Mitgliedern auf unserer Website zur Verfügung. Für mich ist es schwer, neben meinem Vollzeitjob Beratungen durchzuführen beziehungsweise den Interessenten während der Gründungsphase zur Seite zu stehen. Uns schweben Gründer- und Managementseminare vor.

Wir würden auch gern Best Practices austauschen und mehr Fortbildungen anbieten, aber das kostet Geld, was wir nicht haben. Wir bekommen keine finanzielle Zuwendung aus Deutschland.

*Wäre es nicht im Interesse der Bundesregierung, die Initiativen zu unterstützen? Die zweisprachigen Schüler könnten doch später ein großer Gewinn für das Land sein?*

Ja, das würde man denken. Aber leider stoßen wir nicht auf offene Ohren. Im Vergleich zu Ländern wie Spanien oder den Niederlanden, die ihren Landsleuten Sprachunterricht im Ausland finanzieren, ist Deutschland in dieser Hinsicht extrem träge, das fällt auf. In den USA und in Osteuropa werden Initiativen dieser Art von der deutschen Regierung unterstützt – in Nordwesteuropa wird eine Zuwendung nicht für nötig erachtet. Die bürokratischen Hürden sind hoch und die Institutionen schwerfällig. Eigentlich sollte es Spaß machen, in diesem Feld kreativ zu sein und etwas Neues aufzubauen, aber so wird das nicht gesehen. Es gibt keinen passenden Fördertopf für uns – das ist doch ein Armutszeugnis für so ein reiches Land. Darüber hinaus haben Studienbewerber aus Großbritannien es in Deutschland schwer: Die A-Levels werden oft nicht als gleichwertiger Abschluss anerkannt und die Schüler angehalten, weitere Kompetenznachweise zu erbringen.

*Aber Sie lassen den Kopf nicht hängen?*

Nein, im Gegenteil. Wir kommen immer wieder auf neue Ideen. Letztes Jahr haben wir den »Saturday school teaching award« eingeführt. Für das nächste Jahr hat sogar die deutsche Botschaft einen der Preise gesponsert. Der Preis ist wichtig, weil er Anerkennung bietet; gleichzeitig machen die Lehrer sich Gedanken darüber, welche Projekte sie vorstellen können. Das ist eine gute Anregung und zugleich ein fruchtbarer Austausch. Meine Stellvertreterin experimentiert gerade mit ganz unterschiedlichen Schülergruppen. Ihr Ziel ist es, auch Schüler mit an Bord zu holen, die keinen deutschsprachigen Hintergrund haben, sich aber für die Sprache interessieren. Die Richtung gefällt mir, zumal der Fremdsprachenunterricht an britischen Schulen seit vielen Jahren in fast allen Sprachen stark zurückgegangen ist.

*Was macht eine gute Samstagsschule aus?*
Die erfolgreichsten Schulen haben einen spielerischen Zugang zum Lernstoff. Weil der Unterricht am Samstagmorgen stattfindet, muss man den konkurrierenden Aktivitäten etwas entgegensetzen. Die, die gut laufen, machen Sachen, die Kindern Spaß machen. Aber da gibt es eine breite Palette von Ansichten und Praxis.

*Wie sieht es mit den Lehrmaterialien aus?*
Es gibt keine Materialien, die auf unsere Bedürfnisse abgestimmt sind. Das Problem mit unseren Schülern ist, dass sie meistens gut Deutsch sprechen, aber nicht lesen und schreiben können. Literatur für Muttersprachler ist zu anspruchsvoll, Materialien für Deutsch als Fremdsprache nicht anspruchsvoll genug. Und dann gibt es in den meisten Klassen ein großes Gefälle der Kompetenzen. Die Lehrinhalte müssen auf jeden Fall für das Alter angemessen sein. Mit einem Buch für Achtjährige locke ich Zehnjährige nicht hinter dem Ofen hervor.

*Welche Rolle spielt der VDSS?*
Wir haben repräsentative Aufgaben und wir bemühen uns um Geld. Wir versuchen, ein-, zweimal im Jahr Lehrerfortbildungen anzubieten, die von allen Schulen sehr gut angenommen werden. Wir tauschen uns auch mit den Sprachschulen anderer Nationen aus und organisieren Vorträge zu Themen wie Bilingualität. Fortbildungen, Managementhilfe, Gründungshilfe, Weiterbildung auf allen Levels – das sind Dinge, die wir professionell angehen wollen. Aber dafür muss früher oder später Geld fließen.

*Es kommt mir vor, als stünde die Deutsche Samstagsschule erst am Anfang eines langen, spannenden Weges.*

Ja, das glaube ich auch. Wir hoffen, dass der Brexit neuen Schwung bringt. Oft entsteht durch Krisen ja eine neue Dynamik. Wir wünschen uns auch, dass das Goethe-Institut mit seinem Auftrag, die deutsche Sprache und Kultur im Ausland zu fördern, uns endlich als potenzielle Mitstreiter wahrnimmt und sich auf Kooperationen einlässt. Schließlich verfolgen wir ja dieselben Ziele.

# Nationales Recht gilt, europäisches Recht hilft

*Für viele grenzübergreifenden Themen, vor allem die, die das Zivil- oder Bürgerrecht betreffen, passt der Leitsatz: Nationales Recht gilt, europäisches Recht hilft. In vielen Fällen, in denen mehrere EU-Länder involviert sind, zum Beispiel bei Scheidungsfragen, empfiehlt sich das sogenannte Forum-Shopping: Anwälte der jeweils beteiligten Länder können am besten ermitteln, welche Gesetze für die Betroffenen von Vorteil sind, denn in vielen Fällen kann das Recht verschiedener Länder greifen. Die EU-Kommission ist bemüht, vor allem Fragen des Familienrechts zu harmonisieren. Aber sie befindet sich erst am Anfang des Weges. Im Folgenden werden wichtige Bereiche des täglichen Lebens auf ihre EU-Tauglichkeit überprüft. Wo immer mehr Menschen von ihrem Recht Gebrauch machen, in anderen Ländern zu leben und zu arbeiten, wird zunehmend der Ruf laut nach einer Harmonisierung all jener Bereiche, die den Alltag betreffen, wie zum Beispiel die Schul- oder Ausbildungsabschlüsse, die zurzeit in einem EU-Land anerkannt werden – in einem anderen aber nicht.*

**Berufsqualifikationen**
Grundsätzlich werden die EU-Berufsqualifikationen länderübergreifend anerkannt, in der praktischen Umsetzung gibt es jedoch geringfügige Unterschiede. In jedem Fall muss für die Anerkennung in anderen Ländern ein Antrag gestellt werden. Bei den Verfahren für den Zugang zu einem reglementierten Beruf in einem anderen EU-Land unterscheidet man zwischen zwei Fällen: der Niederlassung in einem anderen Land und einer vorübergehenden Tätigkeit. In dem ersten Fall müssen die Berufsqualifikationen anerkannt werden.

**Eheschließung und Scheidung**
Die Eheschließung mit einem Bürger eines anderen EU-Landes kann ungeahnte rechtliche Konsequenzen haben. Grundsätzlich wird eine Heirat in einem anderen EU-Land problemlos anerkannt, wenn sie nach dem dort üblichen Eherecht geschlossen wurde. Schwierig wird es aber oft im Falle einer Scheidung. So gilt für eine deutsch-italienische Ehe, die in Rom geschlossen und geführt wurde, italienisches Recht, wenn nichts anderes vereinbart ist. Im Falle einer Scheidung müssen Güterstand, Unterhaltspflichten und Sorgerecht für die Kinder nach den italienischen Vorschriften geregelt werden, und die sind unter Umständen völlig anders als die deutschen.

Die Regelung der Fragen von Scheidung und Sorgerecht binationaler Ehen wurde durch eine Entscheidung des EU-Ministerrats vom 29. Mai 2000 erheblich erleichtert. Dies kommt insbesondere den Kindern zugute, die im Falle eines Konfliktes zwischen ihren Eltern besonderen Schutz brauchen. Wichtige Verbesserungen:
- Welche Staaten für die Durchführung eines Scheidungsverfahrens zuständig sein können, wird EU-weit klar und einheitlich geregelt.
- Scheidungsverfahren werden nicht mehr in zwei Mitgliedsstaaten gleichzeitig ausgetragen.
- Das in einem Mitgliedsstaat ergangene Scheidungsurteil wird in den anderen Mitgliedsstaaten ohne weiteres anerkannt. Dadurch wird es für die geschiedenen Partner einfacher, eine neue Ehe einzugehen.
- Erleichtert wird auch die Anerkennung gerichtlicher Entscheidungen über Fragen der elterlichen Sorge oder des persönlichen Umgangs mit den gemeinsamen Kindern.

**Erbschaft**
Erbschaftsfragen können leicht zu Mobilitätshindernissen werden. Deshalb drängt die Europäische Kommission seit langem auf die Anwendung einheitlicher Regeln in diesem Bereich.

Doch bei der »Verordnung über die gerichtliche Zuständigkeit und die Vollstreckung von Entscheidungen in Zivil- und Handelssachen« wurde das Kapitel Erbrecht ausgeklammert. Grenzüberschreitende Erbschaftssachen von deutschen Staatsbürgern bearbeitet in Deutschland grundsätzlich das Amtsgericht Berlin-Schöneberg.

**Freizügigkeit**
Mit der Freizügigkeitsrichtlinie beschloss der Europäische Rat 2004, dass Unionsbürger sich dauerhaft in einem anderen Mitgliedsstaat niederlassen dürfen und dabei »die gleiche Behandlung wie Inländer genießen«. Eine Diskriminierung aufgrund von Staatsbürgerschaft kann EU-weit angefochten werden.

**Hochschulabschlüsse**
Akademische Abschlüsse werden nicht automatisch EU-weit anerkannt. Aus diesem Grund müssen nationale Verfahren durchlaufen werden, damit der akademische Grad oder Abschluss in einem anderen EU-Land anerkannt werden kann, wenn man dort einen weiteren Studiengang in Erwägung zieht. Je früher man sich informiert, desto besser. Die Regierungen der einzelnen EU-Länder sind nach wie vor für ihre Bildungssysteme verantwortlich und können nach eigenem Ermessen Regelungen anwenden, darunter Vorgaben für die Anerkennung im Ausland erworbener akademischer Qualifikationen.

**Namensrecht**
Das im EU-Recht verankerte Diskriminierungsverbot sorgt im Zusammenhang mit dem Recht auf Freizügigkeit dafür, dass Kinder mit Doppelstaatsangehörigkeit das Recht auf die Namensgebung haben, die ihnen in beiden Ländern zusteht. Das jeweils andere Land hat den Namen zu übernehmen, auch wenn er nicht mit seinem Namensrecht vereinbar ist.

**Rente**
Wer in mehr als einem EU-Land erwerbstätig war, hat Rentenansprüche in allen Ländern. Der Antrag wird zentral gestellt, meistens im Wohnsitzland oder dem Land, in dem man zuletzt tätig war. Das Zusammentragen von Versicherungszeiten dauert in der Regel etwas länger. Betroffene sind gut darin beraten, sich rechtzeitig zu informieren und einen Antrag zu stellen. Allerdings gilt es dabei, die unterschiedlichen Renteneintrittsalter der EU-Länder zu berücksichtigen. Sie können sich auf die Höhe der Zahlungen auswirken.

**Schulabschlüsse**
In der Regel berechtigt der Schulabschluss, der in dem jeweiligen EU-Land als Zugangsberechtigung für ein Hochschulstudium gilt, auch in anderen EU-Ländern zum Studium. In manchen Fällen reicht die Zulassung aber nur für bestimmte Fächer. Wer mit einem ausländischen Schulabschluss an einer deutschen Uni studieren möchte, kann sich bei »anabin« informieren, dem Informationsportal zu ausländischen Bildungsabschlüssen.

**Sozialleistungen**
Jeder Mitgliedsstaat regelt den Zugang zu Sozialleistungen unterschiedlich. In einzelnen Fällen kann der Europäische Gerichtshof entscheiden, ob die nationalen Regelungen im Einklang mit dem EU-Recht stehen. Die Freizügigkeitsrichtlinie schreibt einige Bedingungen für den Aufenthalt in einem anderen Mitgliedsstaat vor. Dazu gehört die Fähigkeit, den eigenen Lebensunterhalt zu bestreiten. Ziel dieser Richtlinie ist es, »dass [zugezogene Unionsbürger] während ihres Aufenthalts keine Sozialhilfeleistungen des Aufnahmemitgliedsstaats in Anspruch nehmen müssen«. Zudem schreibt die Richtlinie in Artikel 24 (Absatz 2) vor, dass die Mitgliedsstaaten nicht verpflichtet sind, EU-Bürgern Sozialhilfe zu gewähren.

**Staatsbürgerschaft**

Nach allgemeinen völkerrechtlichen Grundsätzen und in seinen Grenzen legt jeder Staat in seinem innerstaatlichen Recht selbst fest, wer seine Staatsangehörigen sind, unter welchen Voraussetzungen seine Staatsangehörigkeit erworben und aufgegeben werden kann. Aufgrund der nicht einheitlichen Regelungen in den einzelnen Staaten kann eine Person mehrere Staatsangehörigkeiten besitzen. Die Staatsangehörigkeit wird in der Regel entweder kraft Abstammung von einem Staatsangehörigen (ius sanguinis) oder kraft Geburt im Staatsgebiet (ius soli) erworben; nicht selten werden beide Prinzipien miteinander kombiniert.

Ein Kind erwirbt die deutsche Staatsangehörigkeit bei Geburt durch Abstammung von einem deutschen Elternteil (ius sanguinis, § 4 Abs. 1 StAG). Das trifft auch zu, wenn die Eltern im Ausland leben. Allerdings erwirbt das Kind eines deutschen Elternteils, der nach 1999 selbst im Ausland geboren wurde und dort seinen gewöhnlichen Aufenthalt hat, die deutsche Staatsangehörigkeit nicht ohne weiteres bei der Geburt (sogenannter Generationenschnitt). Die Eltern müssen dazu einen Antrag auf Beurkundung der Geburt im Geburtenregister stellen (§ 4 Abs. 4 StAG).

Kinder binationaler Eltern erwerben regelmäßig sowohl die Staatsangehörigkeit der Mutter als auch des Vaters, wenn der Abstammungserwerb (ius sanguinis) in den jeweiligen Staaten gesetzlich vorgesehen ist. Haben beide Elternteile unterschiedliche doppelte Staatsangehörigkeiten, so kann das Kind – soweit es das Staatsangehörigkeitsrecht der jeweiligen Staaten vorsieht – alle vier Staatsangehörigkeiten erwerben. Da die Regelung des Staatsangehörigkeitsrechts sowie dessen Handhabung zu den inneren Angelegenheiten des Staates gehören, werden Personen mit mehreren Staatsangehörigkeiten nach allgemeiner völkerrechtlicher Praxis von den Staaten, denen sie angehören, jeweils nur als eigene Staatsangehörige angesehen. Sie können sich danach diesen Staaten gegenüber nicht auf ihre anderen Staatsangehörigkeiten berufen. Ihre staatsbürgerlichen Rechte und Pflichten richten sich nach der Rechtsordnung der Staaten, deren Staatsangehörige sie sind. Personen, die neben der deutschen Staatsangehörigkeit die Staatsangehörigkeit eines Nicht-EU-Staates besitzen, werden somit von der Bundesrepublik Deutschland und innerhalb der Europäischen Union nur als Deutsche, von dem anderen Staat hingegen als nur dortige Staatsangehörige behandelt. Eine diplomatische Vertretung durch den Staat der anderen Staatsangehörigkeit ist in der Regel nicht möglich.

Die Staatsangehörigkeit hat die volle politische Partizipation in allen Staaten zur Folge, deren Staatsangehörigkeit eine Person besitzt. Dazu gehört die Wahrnehmung der staatsbürgerlichen Rechte und Pflichten, wie die Teilnahme an den nationalen Wahlen.

Ein Doppelstaatler kann in den beiden Staaten, deren Staatsangehörigkeit er besitzt, an den nationalen Wahlen teilnehmen, denn er ist Mitglied beider Staatsverbände und darum von deren Entscheidungen betroffen und demokratisch zur Mitentscheidung berufen.

Nach Völkergewohnheitsrecht ist jemand, der mehrere Staatsangehörigkeiten besitzt, in einem dritten Staat so zu behandeln, als ob er nur eine Staatsangehörigkeit besitzt. Der dritte Staat braucht auf seinem Gebiet grundsätzlich ausschließlich diejenige Staatsangehörigkeit des Staates anzuerkennen, in dessen Gebiet der Beteiligte seinen gewöhnlichen und hauptsächlichen Aufenthalt hat, oder die Staatsangehörigkeit des Staates, mit dem der Beteiligte den Umständen nach am meisten verbunden zu sein scheint.

Ein EU-Bürger, der sich in einem Nicht-EU-Mitgliedsstaat befindet, in dem sein Herkunftsmitgliedsstaat nicht vertreten ist, hat grundsätzlich das Recht auf Schutz durch die diplomatischen oder konsularischen Vertretungen jedes anderen EU-Mitgliedsstaats.

**Wahlrecht**
Bei Europa- und Kommunalwahlen haben EU-Ausländer das Recht, in dem EU-Land zu wählen, in dem sie leben. Bundestagswahlen (und ihr Äquivalent in den anderen EU-Staaten) sind den jeweiligen Staatsbürgern vorbehalten. Bei deutschen Staatsbürgern entfällt das Recht, an der Bundestagswahl teilzunehmen, wenn sie 25 Jahre lang nicht mehr in Deutschland gemeldet waren. Dabei ist die Wahlberechtigung eine der tragenden Säulen der Demokratie. Das Wahlrecht gehört zu den politischen Grundrechten.

**Wehrpflicht**
Die meisten EU-Länder haben die Wehrpflicht abgeschafft, mit einigen Ausnahmen. Gedient wird noch in Griechenland, Dänemark, Finnland, Litauen und Zypern. In Italien besteht die Möglichkeit eines freiwilligen Wehr- oder Sozialdienstes, ist aber nicht obligatorisch. Schweden überlegt, die Wehrpflicht 2017 wieder einzuführen. Doppelstaatler, die in zwei Ländern dienen müssten, haben die Wahl. Doppelstaatler, deren Lebensmittelpunkt in einem Land liegt, in dem keine Wehrpflicht besteht, die aber die Staatsangehörigkeit eines Landes besitzen, in dem zu dienen ist, müssen dies auch tun.

**Wohnsitz**
Wer sich länger als drei Monate in einem EU-Land aufhält, sollte sich dort bei den zuständigen Behörden anmelden, andernfalls droht ein Bußgeld. Die Anmeldebescheinigung sollte unmittelbar ausgestellt werden und unbeschränkt gültig sein.

Weitere Informationen zur Rechtslage innerhalb der EU finden sich zum Beispiel auf den Webseiten der EU-Kommission: europa.eu/european-union/index_de (geprüft am 13. Juni 2017).

# Abbildungsnachweis

Karte auf S. 22 / 33: Alex Uglow
S. 33, 47, 81 unten, 105: Katharina Strobel
S. 57, 145, 151: Familie Steinke privat
S. 69: Familie Vidart-Diaz Dumdei privat
S. 81 oben: Familie Muther privat
S. 93: Familie Lorenz Marchi privat
S. 119: Familie Schenk privat
S. 135: Aleksandra Muther privat
S. 139: Rebecca Meletiadis privat
S. 155: Christian Ludwig privat
S. 161: Ana Mosterin privat
S. 171: Petra Diek-Münchow
S. 175: spdfraktion.de / Susie Knoll
S. 181: Steven Vangermain

## Dank

Von der ursprünglichen Idee bis zur Vollendung dieses Buches sind zwei Jahre vergangen. Während dieser Zeit habe ich viel Zuspruch von verschiedenen Menschen erfahren. Als Erste sei Andrea Hildwein-Scheele genannt, die als Geburtshelferin des Projektes enorme kreative Kräfte in mir freigesetzt hat. Eine permanente Stütze waren Lisa Spitzer, Stephen Gardner, Frauke Diegel, Rita Stadler und Annette Tobinnus-Suchanek, die mich auch mal auf andere Gedanken gebracht haben. Auch Liesbeth Lenchant, Gretchen Keay und Ina Barnola seien an dieser Stelle genannt. Sie wurden nicht müde, mich zu ermutigen. Klaus Bremer, Marta Budzynska, Gesa Crockford und Liisa Niveri möchte ich für die Vermittlung von gesprächsbereiten Familien danken.

Meinen Europafamilien und -kindern gilt überhaupt der allergrößte Dank, denn ohne ihre Offenheit wäre dieses Buch niemals zustande gekommen. Fleißige und kompetente Erstleser, die zuverlässig und einsatzbereit Rohversionen kommentierten und Endfassungen korrigierten, hatte ich in Silke Schumann, Birgitta Schoch, Lilian Wohlleben, Nicola Frowein, Peggy Kompalla, Ines Sprung und meinen Eltern, Annegret und Michael Strobel. Birgitta, Lilian und Martin Lenk möchte ich für produktive und inspirierende Gespräche danken. Alex Uglow verdient ein dickes *Thank You* für die eindrucksvolle Übersichtskarte der EU-Staaten. Ein besonderer Dank gilt dem Goethe-Institut Krakau, ohne dessen finanzielle Unterstützung das Porträt der polnischen Familie Muther nicht hätte geschrieben werden können.

Der Zuspruch des Goethe-Instituts Krakau kam zu einer Zeit, in der es nicht gut stand um dieses Projekt, und hat ihm so neues Leben eingehaucht. Sowohl meine Eltern als auch Quasi-Schwiegereltern Lorna und Peter Uglow haben während der Rechercherreisen und intensiven Schreibphasen meine Kinder betreut – eine Riesenhilfe, ohne die das Ganze noch länger gedauert hätte. Meinen Schwestern danke ich für ihre Loyalität, emotionale Unterstützung und regen Zuspruch, Johanna Links für ihr Interesse an meiner Idee und ihre frische und bestimmte Art, die dieses Buch nicht zuletzt in seine gegenwärtige Form gebracht hat. Maike Nedo hat das Manuskript auf den Prüfstand gestellt, Widersprüche und Wiederholungen enttarnt und mit sensiblem Gespür lektoriert. Vielen Dank dafür. Auch Jana Fröbel, Nadja Caspar und dem ganzen Ch. Links Verlag danke ich für die Unterstützung, das Vertrauen und die Offenheit. Mein besonderer Dank gilt meinen Kindern und James. Sie haben mir den Freiraum gewährt, den ich zum Schreiben brauchte, und sie haben mir in Phasen, in denen es nicht so gut lief, durch ihren Glauben an mich und ihre Geduld den nötigen Rückhalt gegeben.

# Die Autorin

## Katharina Strobel

Jahrgang 1973, aufgewachsen in Hamburg; Studium der Anglistik und Amerikanistik in den USA und Schottland; im Anschluss Volontariat und Redakteurstätigkeit in Brandenburg, Sachsen-Anhalt und Sachsen; danach Studium des Europäischen Journalismus in Dänemark, den Niederlanden und Wales; seitdem freie Journalistin mit dem Schwerpunkt Europa. Katharina Strobel lebt mit ihrer deutsch-britischen Europafamilie in Belgien.

Eric Breitinger
**Späte Kinder**
Vom Aufwachsen
mit älteren Eltern

232 Seiten, Broschur
ISBN 978-3-86153-850-9
18,00 € (D); 18,50 € (A)

Renate Zöller
**Was ist eigentlich Heimat?**
Annäherung an ein Gefühl

232 Seiten, Broschur
ISBN 978-3-86153-843-1
18,00 € (D); 18,50 € (A)

www.christoph-links-verlag.de

Christine Färber, Simone Unger
**Alles auf Jetzt**
Frauen Mitte 30 über Kinder,
Sex und Selbstverwirklichung

2. Auflage
200 Seiten, Broschur
ISBN 978-3-86153-944-5
18,00 € (D); 18,50 € (A)

»35 zu werden heißt, unsere Träume und Wünsche noch einmal genau anzuschauen. Es ist eine Zeit der Selbstfindung, die nichts mehr gemein hat mit jener jugendlichen Emphase Anfang 20, als die Zukunft groß, wild und vor allem sehr weit weg zu sein schien. Jetzt, mit Mitte 30, haben wir ein Stück des Weges hinter uns gebracht, haben Entscheidungen getroffen und spüren deren Konsequenzen.«
(aus der Einleitung)
Die Frauen in diesem Buch sprechen über Kompromisse in der Liebe, über sexuelle Abenteuer, berufliche Selbstverwirklichung, über das Leben mit und ohne Kinder. Sie erzählen offen und ehrlich von den Ängsten, Hoffnungen und Enttäuschungen mit Mitte 30. Ihre Geschichten machen Mut, neue Wege zu gehen. Hier und jetzt.

www.christoph-links-verlag.de